wunde Einsamkeit – Sehnsucht nach Verbundensein

Die Zunahme der Einsamkeit in unserer Zeit ist das Ergebnis eines komplexen Zusammenspiels verschiedener gesellschaftlicher, technologischer und kultureller Faktoren. Soziale Medien, Mobilität, Globalisierung, technologischer Fortschritt, Veränderungen in der Arbeitswelt, Wandel von gesellschaftlichen und familiären Strukturen, Leistungsdruck, Individualismus sowie gesundheitliche Probleme machen uns verwundbar – und einsam.

Doch Einsamkeit hat auch eine helle Seite, die oft übersehen wird. Sie kann eine Quelle der Kraft und des Selbstwachstums sein. Für viele Menschen ist die Zeit der Einsamkeit ein Moment der Reflexion, der Selbstfindung und der persönlichen Weiterentwicklung. Es ist eine Zeit, in der man sich selbst näherkommt, sich mit sich selbst verbindet und innere Stärke findet. Einsamkeit kann kreatives Denken fördern und neue Wege der Selbstentfaltung eröffnen.

Sie, die Menschen aufgrund erlittener Verluste, Krankheit und Trauer begleiten, erleben vermutlich immer wieder, dass nicht nur die Symptome der Erkrankung oder die schmerzhaften Verluste an sich herausfordernde Themen sind, sondern auch die Isolation und das damit verbundene ungewollte Alleinsein. Denn Einsamkeit schmerzt nicht nur, sondern macht auch unsichtbar. Doch durch Ihre Präsenz und Ihre Fürsorge werden Sie zu bedeutenden Bezugspersonen und »Einsamkeitsverminderern«. Dafür möchten wir Ihnen – auch stellvertretend – Danke sagen!

Dieses Heft und seine wunderbaren Autor:innen beleuchten das Thema Einsamkeit aus vielschichtigen Perspektiven, einschließlich der bejahenden Aspekte. Lassen Sie uns gemeinsam entdecken, wie wir Brücken zu den Herzen anderer bauen können, wie wir der Sehnsucht nach Verbindung nachkommen können, um die Wunden der Einsamkeit – die »wunde Einsamkeit« – zu heilen.

Rainer Simader   Sylvia Brathuhn   Patrick Schuchter

Leidfaden, Heft 3 / 2024, S. 1, ISSN (Printausgabe): 2192-1202, ISSN (online): 2196-8217, © 2024 Vandenhoeck & Ruprecht

Inhalt

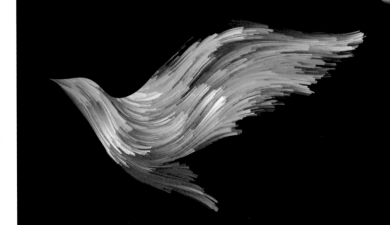

82 Fortbildung: Labyrinth Einsamkeit

Das Land der Einsamkeit
Versuch einer philosophischen Kartografie

Patrick Schuchter

Einsamkeit hat viele Seiten und Tiefen. In diesem Artikel möchte ich einen kartografischen Rundgang im Land der Einsamkeit versuchen. Einen Begriff oder ein Phänomen zu »kartografieren« heißt, einige verschiedene Perspektiven zu erhaschen und dabei wichtige Unterscheidungen in Diskurs und Sache zu sichten. Ein solcher Rundgang bleibt natürlich unvollständig. Aber auch diese Einsicht birgt ein gutes Beispiel zum Thema: Erkenntnis bleibt unvollständig in der Einsamkeit einer Perspektive, eines Zugangs. Die Ergänzungsbedürftigkeit des Ichs zeigt sich auch im Erkennen.

Subjekt und Objekt

Eine erste Grundunterscheidung ergibt sich auch aus den grundlegenden Zugängen des menschlichen Erkennens zur Welt. Der Mensch kann das Leben *von sich her* (Subjekt) oder als äußeren Gegenstand (Objekt) begreifen. Dementsprechend gibt es eine wichtige Unterscheidung im Einsamkeitsdiskurs, nämlich zwischen *Einsamkeit* und *sozialer Isolation*. *Einsamkeit* bezeichnet das Gefühl und subjektive Empfinden (von innen). *Soziale Isolation* bezeichnet das (von außen) objektivierbare und messbare Fehlen von Unterstützungsnetzwerken und das Defizit an Einbindung in soziale Kontexte.

Das heißt: Soziale Isolation geht nicht notwendigerweise mit dem Gefühl von Einsamkeit einher, man kann also sozial isoliert sein und sich dennoch nicht einsam fühlen. Umgekehrt kann man sozial gut eingebunden sein und sich gleichzeitig einsam fühlen. Warum ist es wichtig, an der Definition der Einsamkeit über das Gefühl und die Subjektperspektive festzuhalten? Weil eine sol-che Definition, wenn wir uns von ihr leiten lassen, vorbeugt, dass ein Außenblick über den Innenblick zu herrschen beginnt. Einsam ist, wer sagt, er sei es. Punkt. Wer sagt, er sei es nicht, ist es nicht. Auch Punkt. Das hilft vor gut gemeinten Ratschlägen ebenso wie vor Fremdzuschreibungen, die den oder die Betroffene nicht berücksichtigen, sondern es irgendwie »besser wissen«. Diese Gefahr geht nicht zuletzt von den Profis und Expert*innen aus, die es ja per Definition immer besser wissen. Sobald es aber um allgemeine menschliche Phänomene geht, wird solches Besserwissen zu einer Gefahr für demokratische Grundwerte, denn zu wesentlichen Lebensfragen sollten Betroffene keinesfalls, auch nicht von außen, bevormundet, sondern dazu befähigt werden, ihre eigene Wahrnehmung und Position zu entwickeln und vorzubringen.

Einsamkeit und Verbundenheit

Das wesentliche Andere von Einsamkeit kann auf sehr allgemeine Weise mit dem Begriff der *Verbundenheit* bezeichnet werden. Diese zeigt sich in vielen Formen – möglicherweise entsprechend den vielen Gründen und Ursachen der Einsamkeit: Wer aufgrund von Fremdheit in einem Land einsam ist, den sehnt es vielleicht nach Heimat; wen Schuld und Scheitern in schmerzliche Getrenntheit geführt haben, den sehnt es vielleicht nach Versöhnung; ein Mangel an Beziehungen im dritten Sozialraum schreit nach der Community; das metaphysisch verlorene Individuum sehnt sich nach »Einssein« mit dem Göttlichen und so weiter.

Und natürlich gibt es dabei auch einen positiven Begriff von Einsamkeit, zumeist mit »Allein-

Leidfaden, Heft 3 / 2024, S. 4–9, ISSN (Printausgabe): 2192-1202, ISSN (online): 2196-8217, © 2024 Vandenhoeck & Ruprecht

sein« bezeichnet. Das ist zunächst einfach ein numerischer Begriff und damit neutral: Ich bin nicht von anderen umgeben. Ich da, andere nicht. Alleinsein kann jedoch auch positiv empfunden werden, wie Hannah Arendt es beschreibt: »Ich nenne diesen existenziellen Zustand, in dem ich mit mir selbst umgehe, ›Alleinsein‹, im Unterschied zur ›Einsamkeit‹, in der man auch allein ist, aber nicht nur der Gesellschaft anderer Menschen entbehrt, sondern auch der möglichen eigenen« (Arendt 1979/2002, S. 87).

Diese »gute« Einsamkeit, also das Alleinsein, kann natürlich verschiedene Formen annehmen, etwa in der einfachen Form des Rückzugs als Auszeit für sich selbst oder als »heroische« Einsamkeit (etwa des Alpinisten im Hochgebirge) oder in diversen Formen der philosophischen und spirituellen Einkehr. In all den positiven Formen des Alleinseins zeigen sich jeweils Formen von tiefer Verbundenheit, die nicht aus dem unmittelbaren sozialen Umgang mit anderen geschöpft sind. Das offenbart übrigens eine gewisse Einseitigkeit des Einsamkeitsdiskurses, der nicht nur die gesundheitlichen Folgen, sondern auch den Fokus auf *zwischenmenschliche* Beziehungen überproportional vergrößert, sodass möglicherweise nicht unmittelbare menschliche Beziehungen (zu Tieren, Natur, Büchern, Musik, dem Göttlichen) vernachlässigt werden.

Oberfläche und Tiefe

An dem Punkt sind auch Unterscheidungen hinsichtlich der »Tiefe« der Einsamkeit immer wieder in Erinnerung zu rufen. Angelehnt an einige Überlegungen von Lars Svendsen (2019, S. 47 ff.) können wir Dauer und Tiefe von Einsamkeit wie folgt sortieren:

Die Einsamkeit beginnt als *(1) flüchtige Einsamkeit.* Die flüchtige Einsamkeit überkommt uns jederzeit, ist eine Alltagserfahrung und hinterlässt eher keine tiefen Spuren. Beispielsweise auf einem Fest, wo sich die anderen gut unterhalten, aber ich nicht; oder zu Hause, wenn man das

Gefühl hat, man sollte »wieder mal unter Leute«. Die Einsamkeit wird aber zum ernsteren Problem als *(2) die Einsamkeit der Lebensübergänge oder Lebensereignisse.* Sie tritt auf bei starken Veränderungen und Einschnitten im Leben: beim Tod eines nahestehenden Menschen, beim Auszug der Kinder aus dem Haus, mit dem Ende eines Liebes- oder auch nur eines Arbeitsverhältnisses, bei Krankheit und Pflegebedürftigkeit. Die Einsamkeit ist hier äußeren Umständen oder Ereignissen geschuldet und trifft wohl auch Menschen, die ansonsten von sich nicht sagen würden, sie seien einsam. Aber diese Einsamkeit kann auch übergehen in eine *(3) chronische Einsamkeit.* Dann wird das Gefühl der Einsamkeit zu einem anhaltenden Schmerz aufgrund von unzureichenden Bindungen oder mangelnder Verbundenheit mit anderen. Die chronische Einsamkeit wird zum Merkmal, zum Lebensgrundgefühl der Person selbst und hat ihren Ursprung nicht mehr so sehr in äußeren Umständen. Eventuell wird man ein Leben lang geplagt von Einsamkeitsgefühlen, egal wie gut die Familie, die Zahl und Qualität der Freund*innen, die soziale Eingebundenheit sind, egal wie lange eine Einsamkeit der Lebensübergänge schon her ist.

Die chronische Einsamkeit kann in frühen, »traumatisierenden« Erfahrungen in der Biografie verwurzelt sein. Darauf weist etwa Norbert Elias in seinem berühmten Essay »Über die Einsamkeit der Sterbenden in unseren Tagen« hin: »Der Begriff der Einsamkeit hat ein ziemlich weites Spektrum. Er kann sich auf Menschen beziehen, deren auf Andere gerichtetes Liebesverlangen frühzeitig so verletzt und gestört worden ist, dass sie es später kaum noch auf andere auszurichten vermögen, ohne die Schläge zu spüren, die sie früher empfangen haben, ohne die Schmerzen zu fühlen, die ihnen ehemals dieses Verlangen eingebracht hat. Unwillkürlich ziehen die so getroffenen Menschen ihre Gefühle von anderen Menschen ab« (Elias 1986, S. 97).

Schließlich kann das Gefühl der Einsamkeit aber auch in einer besonderen Sensibilität für die

Stellung des Menschen im Kosmos sein. Diese Form von Einsamkeit können wir *(4) »ewige«* oder *»metaphysische« Einsamkeit* nennen. Diese kann als intensive spirituelle Verlassenheit empfunden werden oder als eine Sehnsucht, die durch nichts in der Welt gestillt werden kann.

Ich und Nicht-Ich

Metaphysische Einsamkeit deutet auf das Geheimnis des menschlichen Lebens hin – des Ichs. Philosoph*innen haben außerdem immer wieder darauf hingewiesen, dass die Einsamkeit ein *notwendiger* Aspekt des Ichs ist. Ein Ich, ein Selbst zu sein, bedeutet ganz einfach auch in einem grundlegenden Sinne einsam, getrennt zu sein. Das Ich ist als Ich prinzipiell einsam – und doch gibt es paradoxe Verbundenheiten, die die Abgekapseltheit des Ichs nicht erst »öffnen«, sondern von denen man entdeckt, dass sie dem Ich je schon vorausliegen. Es ist dann, als ob wir uns immer schon als »verbunden und gekannt« erleben können, in einer Tiefe und vor aller Zeit, die sich der einfachen Versprachlichung entzieht.

Ein Gedankenexperiment des schottischen Aufklärungsphilosophen David Hume (1711–1776) mag die Rätselnatur des menschlichen Ichs ein wenig verdeutlichen. In seinem »Traktat über die menschliche Natur« (1939/40) schlägt er vor, uns einen allmächtigen Menschen vorzustellen. Dieser kann alles verändern und alles Nützliche und Angenehme sich zuteilwerden lassen. Aber: »(…) er würde doch elend sein, bis Ihr ihm wenigstens einen Menschen gebt, mit dem er sein Glück teilen und dessen Wertschätzung und Freundschaft er genießen kann« (zitiert nach Svendsen 2019, S. 45).

Das zeigt auf: Der Mensch ist als Ich nicht »vollständig«, als ob es bei aller Abgeschlossenheit in sich, im Inneren des Ichs eine Wunde, eine Leerstelle gäbe, die sich radikal der Macht und Kontrolle des Ichs entzieht. In der schönen Sprache der Philosophie: Das Ich ist eine *dialektische* Einheit von Einsamkeit und Verbundenheit, ein autonomes Selbst, das im inneren der Autonomie relational ist. Diese Paradoxie ist nicht weiter auflösbar und ein existenzielles Gesetz menschlicher Lebensbewegung, die sich vermutlich im Sterben, im Tod kristallisiert, weil in der tiefstmöglichen Einsamkeit auch die größte Liebe offenbar werden kann.

> *»Die dunkle Seite des Individualismus ist eine Konzentration auf das Selbst, die zu einer Verflachung und Verengung des Lebens führt, das dadurch bedeutungsärmer wird und das Interesse am Ergehen anderer oder der Gesellschaft vermindert.«* (Charles Taylor)

Innen und Außen

Diese Kristallisation findet sich aber auch im sogenannten Tod vor dem Tod, dem sozialen Ausschluss wieder – entlang der Unterscheidung Innen–Außen (oder Dabei–Nichtdabei, Inklusion–Exklusion und so weiter), die schlimmsten-

falls so erlebt wird, als ob jemand für andere überhaupt nie existiert hätte oder gar nicht als (echter) Mensch gilt. Zitieren wir wiederum Norbert Elias:

»Der Begriff der Einsamkeit bezieht sich auch auf einen Menschen inmitten vieler anderer, für die er selbst ohne jede Bedeutung ist, für die es gleichgültig ist, ob er existiert oder nicht exis-

tiert, die die letztliche Gefühlsbrücke zwischen sich selbst und ihm abgebrochen haben. Die Stadtstreicher, die Methylalkoholtrinker, die in einem Türeingang sitzen, während die geschäftigen Fußgänger an ihnen vorbeigehen, gehören in diese Gruppe. Die Gefängnisse und Folterkammern der Diktatoren sind Beispiele für die Art der Einsamkeit. Der Weg zu den Gaskammern ist ein anderes« (Elias 1986, S. 98).

Das führt uns zu einem politischen Begriff von Einsamkeit, mit dem Gegensatzpaar:

Individuum und Kollektiv

Hannah Arendt spricht auf politischer Ebene von »organisierter Einsamkeit«, die jeweils mit einem Verlust an Freiheit in der Gesellschaft einhergeht. Die organisierte Einsamkeit erscheint unter zwei Figuren, beide haben den Abbau, die Zerstörung des öffentlichen Raums, des Freiraums für Interaktion, Begegnung, Diskurs außerhalb von Organisationen und der Privathaushalte zur Folge. Im *totalitären* Staat vereinsamen Menschen künstlich, durch Kontrolle, Überwachung, Bedrohung, rohe Gewalt und werden in ihr familiäres, privates Leben zurückgeworfen durch Angst. In den »freien« Marktdemokratien ist der Mechanismus

komplexer, möglicherweise aber dadurch besonders perfide. Hier verlieren die Individuen, satt von Konsum und freigesetzt von traditionellen Bindungen schlichtweg das Interesse an den öffentlichen Angelegenheiten und Beziehungen. So lautet etwa eine sozialphilosophische Diagnostik:

Individualisierung ist »mit einem Vorgang der Verengung verknüpft. Die Menschen büßten den umfassenderen Blick ein, weil sie ihr individuelles Leben in den Brennpunkt rückten. (So) wird der einzelne (…) auf sich selbst zurückgeworfen, und diese Situation droht, ›*ihn gänzlich in die Einsamkeit seines eigenen Herzens einzusperren*‹ (Alexis de Tocqueville). Mit anderen Worten, die dunkle Seite des Individualismus ist eine Konzentration auf das Selbst, die zu einer Verflachung und Verengung des Lebens führt, das dadurch bedeutungsärmer wird und das Interesse am Ergehen anderer oder der Gesellschaft vermindert« (Taylor 1995/2014, S. 10).

In beiden Fällen hat die organisierte Einsamkeit den Verlust des *sensus communis,* des Gemeinsinns und damit verbundener Praktiken im Sinne eines engagierten Bürger*innentums zur Folge.

Analog zur existenziellen Ebene, in der der Mensch nicht anders kann, als die Dialektik von

> *Das Gespräch gehört keiner Disziplin an, sondern ist allgemein menschlich, zwischen allen Disziplinen und Erfahrungswelten angesiedelt.*

Ich und Nicht-Ich zwischen Einsamkeit und Verbundenheit auszutragen, ist auf der politischen Ebene die menschliche Aufgabe, die Dialektik von Individuum und Kollektiv, zwischen Autonomie und Vergemeinschaftung in ein Verhältnis zu bringen, ohne den einen oder anderen Pol zu zerstören. Und sobald auch nur irgendeine Form von Vergemeinschaftung gelingt, bringt diese unweigerlich ein Innen und ein Außen hervor und damit sozialen Ausschluss, manchmal bis hin zur völligen Missachtung oder Vernichtung.

Vita activa und vita contemplativa

An dem Punkt rollen wir unsere Landkarte zwischenzeitlich ein – sie soll die Reise ja nicht ersetzen. Um der Einsamkeit – existenziell, sozial, politisch – zu begegnen, liefert sie aber möglicherweise auf einer Metaebene wichtige Hinweise.

Das eine ist, dass ein flotter Hilfeaktionismus viele Tiefen und Widersprüche der Einsamkeit und des menschlichen Lebens verfehlen wird. Auch ein zu enges geistiges Framing von Einsamkeit mit gesundheitlichen oder psychotherapeutischen Fragen und Zugängen ist in vielem hilfreich, aber greift in der Tiefe und im Politischen ins Leere. Einsamkeit ist insofern auch nichts, das

einfach durch ein Machen gelöst werden kann, sie trifft uns im Innersten. Das entsprechende Handeln ist kein Machen, sondern ein Geschehen, das wir bedenken, reflektieren können, wozu wir eine Haltung und eine Weisheit (oder eine heitere Torheit) entwickeln können. Die Einstellung angesichts der Einsamkeit sollte also »Handeln« im Sinne der *vita activa* und der *vita contemplativa* balancieren. Es verlangt nicht nur die Aktion, sondern auch die Kontemplation als Verbundenheit im tiefen, zwischenmenschlichen Gespräch. Ein Gespräch, das man meines Erachtens nicht anders als *philosophisch* bezeichnen kann. Nicht im Sinne der Philosophie als Wissenschaft, sondern als *Philosophische Praxis.* Das Gespräch gehört nämlich keiner Disziplin an (genau das wäre der Fehler), sondern ist allgemein menschlich, zwischen allen Disziplinen und Erfahrungswelten angesiedelt. Es kommt zunächst darauf an, die Widersprüche wachzuhalten. Ein so existenzielles und politisches Phänomen wie die Einsamkeit braucht Selbstaufklärung in bedeutsamen Beziehungen an den Widerspruchsknoten unserer Gesellschaft.

Dr. phil. **Patrick Schuchter,** MPH, Studium der Philosophie, Diplomierter Gesundheits- und Krankenpfleger, Gesundheitswissenschaftler, Philosophischer Praktiker, ist Leiter des Bereichs Hospiz, Palliative Care und Demenz im Kardinal König Haus, Bildungszentrum der Jesuiten und der Caritas in Wien und leitet am Zentrum für Interdisziplinäre Alterns- und Care-Forschung (CIRAC) der Universität Graz das Forschungsprojekt »Philosophische Praxis in Palliative Care und Hospizarbeit«, gefördert vom Österreichischen Wissenschaftsfonds (FWF – P35627).
Kontakt: schuchter@kardinal-koenig-haus.at

Literatur
Arendt, H. (1979/2002). Vom Leben des Geistes. 2. Auflage. München.
Elias, N. (1986). Über die Einsamkeit der Sterbenden in unseren Tagen. Frankfurt a. M.
Svendsen, L. (2019). Philosophie der Einsamkeit. 2. Auflage. Wiesbaden.
Taylor, C. (1995/2014). Das Unbehagen an der Moderne. Frankfurt a. M.

Gesundheitliche Folgen und Prävention von Einsamkeit

Karin Gutiérrez-Lobos

Unter *Einsamkeit* wird ein subjektives, schmerzhaftes Erleben von Diskrepanz zwischen existierenden und erwünschten Beziehungen, von mangelnder Zugehörigkeit und Verbundenheit verstanden, das mit Trauer, Schamgefühl, niedrigem Selbstwertgefühl und psychischem Stress einhergeht. *Soziale Isolation* hingegen meint die objektive Abwesenheit sozialer Kontakte. Beide können sich gegenseitig beeinflussen, treten oft gemeinsam auf und tragen unabhängig voneinander zu einem Gesundheitsrisiko bei.

Bei Einsamkeit handelt es sich nicht um ein eigenständiges Krankheitsbild. Einsamkeit ist ein Gefühl des Mangels ähnlich wie Hunger oder Durst. Der Mangel an Kontakten soll ähnlich wie Hunger oder Durst dazu animieren, Abhilfe zu schaffen, also in Kontakt zu treten. Einsamkeit ist eine inhärente Lebenserfahrung, die wir alle kennen.

Untersuchungen haben gezeigt, dass Einsamkeit mit mehreren negativen Auswirkungen auf die Gesundheit wie etwa auf die Mortalität, physische und psychische Morbidität, Gesundheitsverhalten (Essverhalten, Bewegung, Schlafqualität, Suchtverhalten) und Resilienz assoziiert ist. Eine Metaanalyse kommt zum Schluss, dass Einsamkeit sämtliche Gesundheitsbereiche beeinflusst, die Auswirkungen auf die psychische Gesundheit und das Wohlbefinden aber besonders groß sind (Park et al. 2020).

Physische Morbidität

Einsamkeit ist mit Stresserleben assoziiert. Auch wenn die molekularbiologischen Mechanismen der Organschädigung noch nicht geklärt sind, so lässt sich doch feststellen, dass es bei chronischer Einsamkeit zu anhaltendem Stress mit Veränderungen des vegetativen Nervensystems, des Immunsystems und der Stresshormone kommt. Einsamkeit befördert weiters ungesunde Lebensstile, wie Substanzabusus, mangelnde Bewegung und schlechte Ernährung, die sich ihrerseits negativ auf die Gesundheit auswirken. Auch Schlafdauer und Schlafqualität werden negativ beeinflusst. Die Folgen all dieser Mechanismen sind ein erhöhtes Risiko für kardiovaskuläre Erkrankungen (Arteriosklerose, Myokardinfarkte, Schlaganfälle) und Demenz. Bei jüngeren Menschen wurde eine Dosis-Wirkung-Beziehung gefunden: je größer die Anzahl an Einsamkeitsperioden, desto höher das kardiovaskuläre Risiko. Andererseits gibt es wissenschaftliche Evidenz, dass starke soziale Bindungen das kardiovaskuläre Risiko senken. Einsamkeit kann auch eine Dysregulation des Immunsystems hervorrufen, das Risiko für Virusinfektionen erhöhen und die Immunantwort auf Impfungen (zum Beispiel gegen Influenza) reduzieren.

Psychische Morbidität

Anhaltende Einsamkeit kann dazu führen, dass alltägliche Sozialkontakte als bedrohlich wahrgenommen werden. In vielen Untersuchungen wird ein Zusammenhang zwischen Einsamkeit und psychischen Störungen gefunden. Gut untersucht ist der Zusammenhang mit Depression. So wird in einer Längsschnittuntersuchung festgestellt, dass Einsamkeit eine depressive Symptomatik vorhersagt und Depression spätere Vereinsamung prognostiziert, also eine bidirektionale

Leidfaden, Heft 3/2024, S. 10–12, ISSN (Printausgabe): 2192-1202, ISSN (online): 2196-8217, © 2024 Vandenhoeck & Ruprecht

Edgar Degas, Der Absinth, 1873 / INTERFOTO / fine art images

Beziehung besteht. Weiters besteht ein Zusammenhang mit Angststörungen, Suizidvorstellungen und Suizidalität, ebenso wie Auswirkungen auf Schlafdauer und Schlafqualität. Auch die mentale Gesundheit wird durch das schon zuvor angeführte nachteilige Gesundheitsverhalten negativ beeinflusst.

Es wurden kognitive Einbußen sowie ein erhöhtes Risiko für Demenz gefunden. Lammer et al. (2021) haben in einer MRT-Studie an nicht-dementen, aber einsamen Erwachsenen im mittleren Lebensalter eine Atrophie in Cortex und Hippocampus nachgewiesen.

Mortalität

Holt-Lundstad et al. (2010) haben in einer Meta-analyse festgestellt, dass der Einfluss der sozialen Beziehungen auf das Mortalitätsrisiko mit anderen bekannten Risikofaktoren wie Übergewicht, Nikotinabusus oder Inaktivität vergleichbar ist. Umgekehrt konnte gezeigt werden, dass befriedigende soziale Beziehungen die Überlebenswahrscheinlichkeit um 50 Prozent erhöhen. Bereits mehrere Jahrzehnte davor hat beispielsweise Spitz (1945) in seinen Untersuchungen über Kinder, die in Waisenheimen untergebracht waren, gefunden, dass diese durch einen Mangel an bedeutsamen Sozialkontakten (Hospitalismus) nicht nur psychische Funktionsstörungen und erhöhte Infektionsanfälligkeit, sondern auch eine »auffallende Erhöhung der Sterblichkeitsquote« aufwiesen. In den Kinderheimen war zwar für penible Hygiene gesorgt, die affektive Zuwendung war jedoch minimal.

Prävention und Interventionen

Prävention und Intervention zum Thema »Einsamkeit« stellen aufgrund der vielfältigen Risikofaktoren eine klassische Querschnittsmaterie dar. Trotz der zahlreichen Untersuchungen zu Prävention und Interventionen liefern bisher jedoch nur wenige davon aussagekräftige Resultate hinsichtlich der Reduktion von Einsamkeit.

Prävention bedeutet zuallererst, die Wahrscheinlichkeit des Auftretens von Einsamkeit zu reduzieren und in der Folge die Schwere und Dauer zu minimieren. Dazu gehört die Identifikation jener Populationen, die ein besonderes Risiko aufweisen. Im European Social Survey wurde für die europäischen Länder ein U-förmiger Verlauf mit Einsamkeitsspitzen im jungen Erwachsenenalter und höheren Lebensalter gefunden.

Es bestehen allerdings alterstypische Unterschiede hinsichtlich der Ursachen und dem Erleben von Einsamkeit (Yang und Victor 2011; Qualter 2015). Transitionen im Lebensverlauf verdienen in Anbetracht der epidemiologischen Daten besondere Beachtung. Schulischen und betrieblichen Maßnahmen zu Vermeidung von chronischen Einsamkeitsgefühlen kommen daher eine wichtige Funktion zu.

Unabhängig vom Alter wirken die Variablen funktionelle Beeinträchtigung, soziales Engagement, Netzwerkgröße, Kontaktfrequenz und Bildung auf Einsamkeit (Luhmann und Hawkley 2016) und liefern damit weitere wichtige Hinweise für notwendige Maßnahmen. Maßnahmen auf individueller Ebene umfassen die Verbesserung der sozialen Kompetenz, Veränderung maladaptiver Kognitionen und Psychoedukation.

Auf politischer Ebene geht es um die Etablierung einer bundesweiten Strategie zur Reduzierung von Einsamkeit mit Interventionen, die an sozialen Determinanten (etwa Arbeitslosigkeit, Armut, Zugang zum Gesundheitssystem, Diskriminierung) von Gesundheit und so auch von Einsamkeit ansetzen. Es geht um die Förderung von Inklusion, Chancengleichheit und gesellschaftlicher Teilhabe, inklusive der Bündelung der vielen bereits vorhandenen Initiativen und Angebote und ihrer Ressourcensicherung, dem Monitoring der Maßnahmen und der Stärkung der Forschung.

Auf der kommunalen Ebene haben sich Maßnahmen als effektiv erwiesen, die an regionalen Bedingungsfaktoren ansetzen: Dazu gehören beispielsweise ein niederschwelliger, kostenfreier Zugang zu qualitätsvollen Begegnungsmöglichkeiten, Abbau von Diskriminierung, Verbundenheit stärken und öffentliche Mobilität in adäquatem Ausmaß vorhalten.

Technologiebasierte Interventionen haben gerade während der Pandemie wichtige Kontakte – auch therapeutische – ermöglicht. Aus Untersuchungen ist bekannt, dass es sowohl bei jüngeren als auch älteren Betroffenen durch die Nutzung sozialer Medien zu einer Reduktion von Einsamkeit kommen kann. Die Nutzung ist aber in Abhängigkeit von Motivation, Zeitaufwand und dem Verhältnis von Online- versus Offline-Kontakten zu bewerten.

Als generelle Interventionsprinzipien lassen sich angesichts des Facettenreichtums von Einsamkeit jedenfalls die aktive Einbeziehung der Betroffenen, die Vielgestaltigkeit der Angebote und die erhöhte Sensibilisierung der Öffentlichkeit festmachen.

© Privat

Univ.-Prof.in Dr.in **Karin Gutiérrez-Lobos,** Fachärztin für Psychiatrie und Neurologie, Psychotherapeutin, ehem. Vizerektorin und ärztliche Direktorin, Leiterin einer Kommission zur präventiven Menschenrechtskontrolle, Initiatorin Plattform gegen Einsamkeit www.plattform-gegen-einsamkeit.at
Kontakt: kagutlob@gmail.com

Die Literaturliste ist bei der Verfasserin erhältlich.

Gedanken zur Einsamkeit

Monika Müller

Vorbemerkung: Ich habe mich schwergetan, der Bitte um diesen Artikel nachzukommen. Meine Sorge war, mit den *auch* positiven Gedanken zum Thema womöglich das Leid von Hinterbliebenen zu schmälern; dass diese Gedanken – zu Papier gebracht – für trauernde Menschen in dieser ihrer jähen, erzwungenen Einsamkeit zynisch wirken könnten. Ermutigt von außen wage ich es, eine weitere Perspektive von Einsamkeit anzubieten.

> *»Dass wir wirklich unendlich allein sind, jeder, und unerreichbar bis auf sehr seltene Ausnahmen, damit muss man sich einrichten.«* (Rainer Maria Rilke)

Einsamkeit als existenzielle Urgestimmtheit

Wenn heute über Einsamkeit gesprochen wird, ist schnell die Rede von Tabuthema und neuer Volkskrankheit. Dabei ist das Phänomen ebenso natürlich, wie es lebensnotwendig ist – es bedingt und bestimmt die menschliche Existenz. Trennung und damit verbundene Einsamkeit sind eine Grunderfahrung menschlicher Existenz. Die Erfahrung von Einsamkeit beginnt bei der Geburt und endet im Sterben. Um den Komplex Einsamkeit philosophisch zu begreifen, lohnt sich ein Blick auf die Erkenntnisse des britischen Analytikers und Kinderarztes Donald W. Winnicott. Er hat den Begriff der Mutter-Kind-Dyade geprägt, der absoluten Einheit vor der Geburt. Diese Erfahrung wird jäh und fundamental gestört, weil das Kind durch die radikale Trennung den ersten Verlust seines Lebens erfährt. Eine schmerzliche und zugleich wichtige, zum Menschsein gehörende Wahrnehmung. Besten-

falls wird nach der Entbindung sofort wieder Beziehung hergestellt, aber es wird nie mehr die Einheitserfahrung sein.

Viele weitere Entwicklungsschritte und Übergänge von einem Lebensabschnitt in den anderen werden vom Erleben und nicht selten auch Erleiden der Einsamkeit begleitet. In zahlreichen Kulturen zieht sich der Mensch zurück, auch um sich Ängsten und Gefahren auszusetzen, die es zu bestehen gilt und den neuen Weg eröffnen. Die Einsamkeit bleibt existenzielle Kraft.

Einsamkeit als Negativerfahrung

Unsere Gesellschaft scheint darauf aus, Einsamkeitsempfindungen möglichst generell zu vermeiden oder zumindest möglichst umgehend auszulöschen. Einsamkeit wird als Lebenshinderer erlebt, eine Gefahr, gegen die man vor allem durch Dauerreize geschützt sein will.

Annette Hilt stellt die Frage, ob dieser Rückzug in der Krise und die Wiedervereinigung mit anderen und der Gesellschaft heutzutage in unserer Kultur durch die Jugend ausreichend geübt wird. Wenn nicht, könnte es dazu führen, dass später das Ich und das Wir in schmerzlicher Spannung zueinander stehen, weil die Abbruchs- und Wandlungsphasen sich nicht angeeignet und als möglich und hilfreich eingeprägt wurden.

Dann geschieht, dass Einsamkeit gegenwärtig ausschließlich als etwas Problematisches, ja sogar Krankhaftes, wahrgenommen wird. Nicht, dass wir einsam sind, ist bedenklich, sondern der Fakt, dass wir Einsamkeit nicht mehr aushalten beziehungsweise bewusst erleben. Umso auffallender das Phänomen, wie Einsamkeit von vielen Menschen als Bedrohung erlebt wird: Egal,

Leidfaden, Heft 3 / 2024, S. 13–16, ISSN (Printausgabe): 2192-1202, ISSN (online): 2196-8217, © 2024 Vandenhoeck & Ruprecht

in welchem Alter – viele hadern mit der gleichen Empfindung sozialer und emotionaler Isolation.

> *»Ich bin ein einziges großes Defizit (...) ich bin jemand nicht. Ich bin aberwitzig allein (...) Sobald das Wir nicht mehr da ist, bricht das Ich zusammen, zerfällt in Bruchstücke, zertrümmert, kaputt, durch nichts anderes zusammenzuhalten und zu definieren. Nicht nur er ist tot, mein liebstes Ich ist es auch.«*
> *(Palmen 2011, S. 5)*

Mein Wort zu Ehren der Einsamkeit will sich nicht erheben über eine gesellschaftliche Entwicklung, deren Anteil ich ja auch selbst bin. Ich lade ein, der Einsamkeit als Reifungspatin eine Chance einzuräumen. Jeder Mensch ist ein unverwechselbar einziges Ich, mein Wesenskern, zu dem letztlich nur ich gelangen kann. Der Zugang dorthin scheint mir jene Einsamkeitserfahrung zu sein, die die Tür zu einer Lebenserweiterung öffnen kann.

> *»Und sie dürfen sich nicht beirren lassen in Ihrer Einsamkeit, dadurch, dass etwas in Ihnen ist, das sich herauswünscht aus ihr. Gerade dieser Wunsch wird Ihnen, wenn Sie ihn ruhig und überlegen und wie ein Werkzeug gebrauchen, Ihre Einsamkeit ausbreiten helfen über weites Land. Die Leute haben*

Max Beckmann, Frau lesend am Meer, 1939 / akg-images

Unsere Gesellschaft scheint darauf aus, Einsamkeits-empfindungen möglichst generell zu vermeiden oder zumindest möglichst umgehend auszulöschen. Einsamkeit wird als Lebens-hinderer erlebt, eine Gefahr, gegen die man vor allem durch Dauerreize geschützt sein will.

(mit Hilfe von Konventionen) alles nach dem Leichten hin gelöst und nach des Leichten leichtester Seite; es ist aber klar, dass wir uns an das Schwere halten müssen; alles Lebendige hält sich daran, alles in der Natur wächst und wehrt sich nach seiner Art und ist ein Eigenes aus sich heraus, versucht es um jeden Preis zu sein und gegen allen Widerstand. Wir wissen wenig, aber dass wir uns zu Schwerem halten müssen, ist eine Sicherheit, die uns nicht verlassen wird; es ist gut, einsam zu sein, denn Einsamkeit ist schwer; dass etwas schwer ist, muss uns ein Grund mehr sein, es zu tun.« (Rilke an Franz Xaver Kappus, Rom, am 14. Mai 1904)

Rilke sieht, wie vorher ausgeführt, Einsamkeit als universelle und unvermeidliche menschliche Erfahrung. Es unterstreicht die eher weit verbreitete triste Sicht auf die menschliche Existenz, in der Einsamkeit aber auch als allgegenwärtige und unausweichliche Kraft erlebt werden kann, die zur Kreativität und Spiritualität befreit. In der Einsamkeit, und oft erst tief in ihr, findet eine unausweichliche Realität Worte, die im Alltagsgeschehen und in der Geselligkeit überdeckt sind. In einer Welt voller ständiger Ablenkungen kann es eine Herausforderung sein, die Einsamkeit zu finden und sie zu ertragen. Die Erfahrung der Einsamkeit, das Leiden an ihr und ihre Bewältigung gehören zum Menschsein. Menschen sind allgemein in der Lage, inneren Widerständen und äußeren Widrigkeiten die Stirn zu bieten. Sie können in Ausnahmesituationen über sich hinauswachsen und viel über sich lernen. Die Auseinandersetzung mit sich selbst in Einsamkeit kann Ressourcen freilegen und birgt die Chance, ein tieferes Selbstverständnis zu erlangen.

Einsamkeit ermöglicht tiefe Selbstbeobachtung, Selbstreflexion und die Freiheit, neue Bereiche der Kreativität ohne äußere Einflüsse zu erkunden. Sie ermöglicht uns, uns mit unseren inneren Gedanken und Gefühlen zu verbinden. Wenn wir allein sind, können wir auf unsere innere Stimme hören und so zu einem tieferen Verständnis für uns selbst zu kommen. Diese Akzeptanz von Leid und Einsamkeit drückt Hilde Domin in einem Gedicht (»Bitte«) aus:

> (…)
> »Der Wunsch nach der Landschaft
> diesseits der Tränengrenze
> taugt nicht,
> der Wunsch, den Blütenfrühling zu halten
> der Wunsch, verschont zu werden
> taugt nicht
> (…)
> Und dass wir aus der Flut
> dass wir aus der Löwengrube und dem
> feurigen Ofen
> immer versehrter und immer heiler
> stets von neuem
> zu uns selbst
> entlassen werden.«

Einsamkeit als Türöffner neuen Weltbezugs?

Ich habe es gewagt, im Zusammenhang der Trauer mit ihrer manchmal bis zur Lebensbedrohung gehenden, schmerzlich quälenden Einsamkeitserfahrung von der Einsamkeit zu schreiben, die nicht nur Atem nimmt, sondern – wenn die Zeit reif ist – aus neuem Atem schöpfen lässt. Es wird gut sein, als Begleitende in schweren Einsamkeits-

erfahrungen Trauernder diese andere Seite der Einsamkeit mitzudenken, nicht unbedingt auszusprechen. Manchmal signalisieren Trauernde, dass sie bewusst die Stille der Einsamkeit suchen, weil sie wohl berührt sind von jener Erfahrung, die uns Patin bleibt – in der Geburt über manche Reifungsklippe hin in die letzte und wohl tiefste Einsamkeitserfahrung: im Sterben zum Tod.

Sie sind uns nur vorausgegangen, sagen wir öfter. Sie sind uns durch existenzielle Enge aus dieser Welt in einen Zustand gegangen, in dem tödliche Einsamkeit keine Macht mehr hat.

Die Zurückhaltung, aber auch Ermutigung in der Begleitung

Selbstverständlich kann man als Begleiterin nicht auf diese Ausführungen hinweisen. Ein Mensch, der soeben in der Erschütterung seines Verlustes und im Erleben seiner Einsamkeit steht, könnte solche Gedanken als billigen Ratschlag und Häme erleben. Und doch: Uns Begleitende können die Zeilen dazu helfen, Einsamkeit als grundsätzliche Prämisse des Lebens zu begreifen und vielleicht sogar einen Sinn in ihr und durch sie zu entdecken.

Monika Müller, M. A., war Leiterin von ALPHA Rheinland, der Ansprechstelle in NRW zur Palliativversorgung, Hospizarbeit und Angehörigenbegleitung mit Sitz in Bonn. Sie ist Dozentin und Supervisorin im Bereich Trauerbegleitung und Spiritual Care.
Kontakt: vr-leidfaden@monikamueller.com

Literatur
Domin, H. (1987). Gesammelte Gedichte. Frankfurt a. M.
Palmen, C. (2011). Logbuch eines unbarmherzigen Jahres. 2011 Zürich.
Rilke, R. M. (1929). Briefe an einen jungen Dichter. Leipzig.
Schröder, M. (2018). Einsamkeit ist keine Krankheit: Philosophiedozentin Dr. Annette Hilt über das »neue« Gesellschaftsphänomen. Rhein-Zeitung, 28. April 2018. https://www.rhein-zeitung.de/artikelarchiv_artikel,-einsamkeit-ist-keine-krankheit-philosophiedozentin-dr-annette-hilt-ueber-das-neue-gesellschaftsphaenom-_arid,1805129.html.

Das Tavolata-Konzept

Wie es gegen Einsamkeit wirkt und was es für die Selbstorganisation braucht

Robert Sempach und Esther Kirchhoff

Vision und Konzept

»Tavolata« heißt auf Italienisch Tischgemeinschaft, und dieser Schlüsselbegriff beinhaltet auch die Kernidee des Tavolata-Konzepts: Ein Netzwerk kümmert sich darum, dass Tischgemeinschaften entstehen und diese bei Bedarf Unterstützung erhalten. Die Projektidee entwickelte sich im Jahr 2010 aus einer intensiven Auseinandersetzung mit der Frage: Was fördert Zufriedenheit im Alter? Dabei stellte sich heraus, dass sich insbesondere bei alleinlebenden Menschen Zufriedenheit und Lebensqualität erhöhen, wenn sie in eine Tischgemeinschaft eingebunden sind (Kirchhoff, Sempach und Keller 2014). Eine Tavolata besteht üblicherweise aus vier bis acht Mitgliedern, die sich oft auch im Lebensalltag unterstützen, was ihre Verbundenheit zusätzlich stärkt (Steinebach, Sempach und Schulte 2023; Thorshaug, Rickenbacher und Fässler 2023).

Nach dem Abklingen der Pandemie stieg die Zahl neuer Tischgemeinschaften wieder deutlich an. Insgesamt sind seit dem Projektbeginn in der Schweiz über 500 Tavolata-Gruppen entstanden. In einer ersten Phase war Tavolata ein Projekt des Migros-Kulturprozent, welches soziale und kulturelle Projekte finanziert und realisiert. Ende 2022 wurde das Netzwerk Tavolata in einen gemeinnützigen Verein überführt. Die Geschäftsstelle des Vereins besteht aus einem fünfköpfigen Team, welches schweizweit mithilfe von Freiwilligen und Partnerorganisationen Impulse zur Gründung neuer Tischgemeinschaften setzt und Unterstützungsangebote für die Netzwerkmitglieder bietet.

Wie wirkt Tavolata gegen Einsamkeit?

Durch das Kochen füreinander und das gemeinsame Essen erleben die Teilnehmenden Verbundenheit und Nähe, Genuss und Freude. Die regelmäßige Begegnung fördert die Vernetzung und gegenseitige Unterstützung. Dies alles stärkt die psychische Gesundheit und ist ein Mittel gegen Einsamkeit im Alter (Thorshaug et al. 2023).

Die zunehmende Fragilität der Mitglieder im höheren Alter stellt jedoch eine große Herausforderung für den langjährigen Erhalt der Tischgemeinschaften dar. So sind viele Beteiligte, die sich seit mehr als zehn Jahren zu einer Tischgemeinschaft zusammengeschlossen haben, inzwischen über 80 Jahre alt. Gebrechlichkeit, Krankheit und Tod einzelner Mitglieder führen häufig zur Auflösung einer Tischgemeinschaft – was auch als natürlicher Prozess gesehen werden kann. Das Tavolata-Team steht zwar bei Bedarf mit einem Beratungsangebot zur Verfügung, doch nicht alle Gruppen sind den Herausforderungen gewachsen, welche zunehmende Einschränkungen im vierten Lebensalter mit sich bringen. Einigen Gruppen gelingt es zwar, jüngere Mitglieder zu integrieren und so das Überleben der Tischgemeinschaft zu sichern. Im Hinblick auf die Prävention von Einsamkeit wird sich das Tavolata-Netzwerk in den kommenden Jahren noch vermehrt mit dem Thema »Umgang mit Fragilität im Alter« beschäftigen. Gefragt sind Hilfestellungen, wie fragil werdende Mitglieder möglichst lange in den Tischgemeinschaften integriert bleiben können.

Leidfaden, Heft 3 / 2024, S. 17–19, ISSN (Printausgabe): 2192-1202, ISSN (online): 2196-8217, © 2024 Vandenhoeck & Ruprecht

Tavolata

Wie funktionieren selbstorganisierte Tischgemeinschaften?

Bereits vor der Einführung von Tavolata in der Deutschschweiz gab es in vielen Gemeinden und Quartieren Mittagstische für Seniorinnen und Senioren. Diese Variante, gemeinsame Mahlzeiten für ältere Menschen in öffentlichen Räumen zu organisieren, kann als »institutionelle Tischgemeinschaft« (Thorshaug et al. 2023) bezeichnet werden, da sie von Alters- und Freiwilligenorganisationen oder Kirchgemeinden angeboten wird. Im Unterschied dazu sind die Tavolata-Tischgemeinschaften selbstorganisiert. Sie entstehen meist aufgrund der Initiative von Privatpersonen und finden im kleinen Kreis von vier bis acht Personen in privaten oder öffentlichen Räumen statt. Die Selbstorganisation erfordert eine Mitgestaltung der Treffen, ein aktives Engagement für andere und den Einsatz der eigenen Fähigkeiten. Auch diese Faktoren stärken die psychische Gesundheit.

Bei der Lancierung von Tavolata wurde besonderer Wert darauf gelegt, die Initiative als Ergänzung und nicht als Konkurrenz zu den bereits bestehenden Angeboten zu kommunizieren. In der Westschweiz entstand etwa zeitgleich mit Tavolata das Konzept »Tables d'hôtes«, die ebenfalls im kleinen Kreis stattfinden, jedoch, wie die Mittagstische, institutionell organisiert sind. Alle Varianten von Tischgemeinschaften haben ihre Vor- und Nachteile und es ist wichtig, sie nicht gegeneinander auszuspielen. Vielmehr geht es darum, ihre Besonderheiten deutlich zu machen und die Entscheidung offenzulassen, ob sich jemand lieber an einer selbstorganisierten, einer institutionellen oder einer anderen Form von Tischgemeinschaft beteiligen möchte.

In der Entstehungsphase von Tavolata kristallisierten sich sieben Spielregeln heraus, die als Leitlinien für selbstorganisierte Tischgemeinschaften dienen:

1. Wir organisieren uns selbst.
2. Wir treffen uns regelmäßig.
3. Wir vereinbaren verbindliche Abmachungen in unserer Gruppe.
4. Wir essen ausgewogen und genussvoll.
5. Wir teilen uns Arbeiten und Kosten und sorgen dafür, dass Geben und Nehmen ausgeglichen sind.
6. Wir verfolgen keine kommerziellen Interessen.
7. Wir bestimmen eine Kontaktperson zum Tavolata-Netzwerk.

Eine selbstorganisierte Tischgemeinschaft entsteht jedoch nicht von selbst. Damit eine Tavolata-Gruppe zustande kommt, müssen mindestens drei Voraussetzungen erfüllt sein:

Ein bis zwei Personen sind bereit, die Gründungsverantwortung zu übernehmen.

Sie orientieren sich an den Tavolata-Spielregeln und nehmen die Organisation in die Hand.

Sie suchen Kontakt zu Menschen in ihrem Umfeld und gründen und gestalten gemeinsam mit ihnen eine neue Tavolata.

Nicolas Zonvi

Für das Tavolata-Netzwerk ist es hilfreich, wenn sich eine neu entstandene Tavolata-Gruppe auf der Website registriert. Damit vergrößert sich zum einen das Tavolata-Netzwerk und gewinnt an Sichtbarkeit, zum anderen kann die lokale Tischgemeinschaft von den Angeboten des Netzwerks profitieren. Auch selbstorganisierte Tischgemeinschaften sind keine vollständigen »Selbstläufer« und können vom Wissen und den Erfahrungen anderer Tavolata-Gruppen profitieren. Das Team der Tavolata-Geschäftsstelle organisiert eine Jahrestagung und verschiedene Informationsveranstaltungen und Austauschformate. Es unterhält eine Website (www.tavolata.ch), vermittelt interessierte Personen und bietet Unterstützung an bei der Gründung oder in schwierigen Gruppenprozessen.

Mit dieser einfachen Idee von selbstorganisierten Tischgemeinschaften sowie klaren Spielregeln schafft Tavolata informelle Kontexte, in denen ältere Menschen ein erweitertes Beziehungsnetz aufbauen können. Damit ermöglichen selbstorganisierte Tavolata-Tischgemeinschaften positive Erlebnisse und wirken zweifellos gegen Einsamkeit. Durch das Kochen füreinander und das gemeinsame Essen fördern sie Zugehörigkeit, Zufriedenheit und Verbundenheit.

Literatur

Kirchhoff, E.; Sempach R.; Keller, R. (2014). TAVOLATA bringt Menschen zusammen. Ein Modellprojekt selbstorganisierter Tischgemeinschaften und sozialer Vernetzung im Alter. In: SozialAktuell, 46, 2, S. 36–38.

Steinebach, C.; Sempach, R.; Schulte, V. (2023). Erfolgsfaktoren. Was ist wichtig an Caring Communities? In: Sempach, R.; Steinebach, C.; Zängl, P. (Hrsg.), Care schafft Community – Community braucht Care (S. 25–48). Wiesbaden.

Thorshaug, K.; Rickenbacher, J.; Fässler, S. (2023). Faktenblatt 96. Evaluation »Tavolata« 2022–2023. Füreinander kochen, gemeinsam essen und geniessen. https://gesundheitsfoerderung.ch/node/9002.

Dr. **Robert Sempach,** Studium der Pädagogik und Psychologie, war als Wissenschaftler in der Suchtforschung und als Ernährungspsychologe in eigener Praxis tätig. Bis 2021 lancierte er beim Migros-Kulturprozent Projekte im Bereich Gesundheit und Zusammenleben. Er engagiert sich für den gesellschaftlichen Zusammenhalt, ist freiberuflicher Community-Berater und Präsident des Vereins Tavolata und des Vereins Netzwerk Caring Communities Schweiz.

Kontakt: robert.sempach@bluewin.ch

Dr. **Esther Kirchhoff,** Primarlehrerin, Studium Entwicklungspsychologie und Pädagogische Psychologie, ist seit über 20 Jahren in der Forschung tätig, vornehmlich an Pädagogischen Hochschulen. Ihre Kernthemen sind die Gesundheitsförderung und Prävention bei Kindern und Jugendlichen, Lehrpersonen und älteren Menschen. Sie ist in der Geschäftsleitung des Netzwerks Tavolata tätig.

Kontakt: esther.kirchhoff@tavolata.ch

Wie Philosophie Verbundenheit unter Unbekannten stiftet

Der Beitrag einer inklusiven Philosophischen Praxis

Stefanie V. Rieger

Existenzielle Einsamkeit: Wovon sprechen wir?

Ein Gefühl von Unbehagen selbst in der Gesellschaft von anderen. Etwas Grundsätzliches nicht mit anderen Menschen teilen können. Eine ungestillte Sehnsucht als offene Wunde des Daseins. Ein Geschmack von innerem Leid am Leben selbst. Verstärkt durch das Bewusstsein oder die Kenntnis der eigenen Endlichkeit. Das beschreibt ein Gefühl existenzieller Einsamkeit.

Sie ergreift uns, wenn wir uns unserer selbst gewahr werden als Menschen, die nicht mehr unter ihresgleichen sind. Als schon Sterbende unter lauter Lebenden. Sie führt einen Schritt darüber hinaus, was einsame Momente und Phasen meint, wenn wir doch eigentlich lebendig sind und uns Armut, Angst, Wohnungslosigkeit oder andere Lebenslagen in sie geführt haben. Selbst wenn diese einsamen Zeiten Jahre, Jahrzehnte anhalten – sie scheinen nie dieselbe Kraft zu entwickeln wie die Intensität der baren Existenzberaubung, dem Loslösen von der Welt selbst.

Und die existenzielle Einsamkeit hinterlässt eine Erkenntnis, die philosophischer kaum sein könnte. Ein Maß an Bewusstheit, das seinesgleichen erfolglos sucht. Ein Bewusstsein über die Singularität des Lebendigen selbst. Ein Zurückgeworfensein auf sich, obschon Jahre, ja vielleicht ein Leben lang das Spiel der Ablenkung von sich längst Routine war. Sie geht mit dem puren Schmerz einher, dem *Total Pain* (Müller 2017). Aus dieser Einsamkeit erhebt sich eine Achtsamkeit gegenüber den verbleibenden Stunden, Tagen, Wochen. Die Bedeutung dieser letzten Lebenspräsenz greift auch über auf ihre Zeuginnen und Zeugen, die die Einsamkeit zu stillen versuchen. Wohl aber bedeutet diese Zeugenschaft, sich von ihrer Wirkung ins eigene Leben begleiten zu lassen. Sie führt eine Klarheit über das existenzielle Alleingehen mit sich. Die Erkenntnis, dass der Lebensweg immer schon im Grunde allein gegangen wurde.

Das Zum-Ausdruck-Bringen dieses Wissens über die Besonderheit des Lebens in Anbetracht seines Endes verstärkt die existenzielle Einsamkeit, denn sie wird sichtbar durch das häufig aktive Abwenden des Blicks, das Unverständnis der anderen, die die Äußerungen über die eigene, existenziell transformierte Lage hören. Das erinnert an denjenigen, der sich von den Ketten in Platons Höhle löst und den Mitgefangenen nach

Die Erfahrung des Menschseins bildet sich, wenn der Blick sich über den eigenen, allzu bekannten Horizont durch die Begegnung mit dem anderen Menschen weitet. Im gemeinsamen Philosophieren.

Giacomo Balla, Velocità astratta – L'auto è passata / akg-images / Ghigo Roli

seiner Begegnung mit dem Sonnenlicht von der anderen Welt, einer sonnendurchfluteten und freien Welt im Außen berichtet und sich damit unvereinbar macht. Oder schlimmer noch: Das Sich-Äußern wird zum Sich-ungesehen-Machen, zum Ursprung einer unüberwindlichen Distanz zur vormals sinnstiftenden Gesellschaft. Die existenzielle Einsamkeit wird erweitert durch die Einsamkeit der sie durchdringenden Verlassenheit.

Denn eine Sterbensdiagnose separiert kraftvoller von der Gesellschaft der vom Sterben unbehelligt Lebenden als jede nur kurze Phase des ungewollten Alleinseins. Selbst wenn Phasen der Einsamkeit mitten im Leben schon unerbittlich an jeglicher Lebensfreude zehren können. Sie berührt das Unaussprechliche: die menschliche Sterblichkeit. Sie führt zur totalen Isolation ohne äußere Mauern, die wenigstens abtragbar wären. Das bedeutet einen »Kampf, bei dem alle anderen Statist:innen« (Malzahn 2023) werden und der Protagonist oder die Protagonistin diese Rolle nicht selbst und meistens schon gar nicht jetzt ge-

wählt hat. Jetzt, obwohl die Einsicht des Einmaligen des Lebendigseins sich Bahn bricht.

Es ist vielmehr ein Gefühl, hinter das sich nicht mehr zurückblicken lässt. Ein Aufgerütteltsein im Wesenskern, das noch nie zuvor so stattgefunden haben kann. Denn auch das Sterben ist eine einmalige Angelegenheit. Ihr Begleiten ein *Memento mori,* eine *Meditatio mortis.* Und doch wird auch die Autorin dieses Textes nicht in der Lage sein, in wenigen Worten die Vielschichtigkeit von dieser existenziellen Einsamkeit zu erfassen.

Von der Unverbundenheit zur Philosophischen Praxis

Das Philosophieren selbst als Mußetätigkeit hat das Potenzial, den Bedarf zu stillen, den die existenzielle Einsamkeit weckt. Philosophieren fungiert dann als gemeinsame Selbstsorgepraktik, die Offenheit und Verstandesklarheit von den Beteiligten abverlangt oder schafft. Sie enthebt die Philosophie aus dem Elitarismus und bezieht die realen Lebensbezüge aller Beteiligten mit ein.

»Und damit ist der Philosophie eine andere Aufgabe gestellt: Sie denkt nicht mehr vor, sie denkt mit. Und auch wir, als Philosophen, sind mit einer neuen Anforderung konfrontiert: die Frage ist jetzt nicht mehr, ob ich auch lebe, was ich denke – sondern: ob ich denke, was ich lebe. Indem ich aber denke, was ich weiß, tue, hoffe, indem ich mich besinne, wer ich bin, wird mir mein Leben selbst zur Frage: und auf diesem Wege belebt es sich und kommt es voran« (Achenbach 1984).

Hier legt die Philosophie im Sinne der Philosophischen Praxis eine Spur in die Wirklichkeit. Denn mit ihrer Herangehensweise schenkt sie die Perspektive des Gemeinsamen in jeder menschlichen Erfahrung. In jedem menschlichen Existenziellen. Sie zeigt auf die Allgemeingültigkeit von Themen des Lebens, von Glück, von Liebe, von Hoffnung, indem sie sie aufgreift, zur Diskussion bereithält, ja, in und als Frage stellt.

Sie löst dazu nicht nur das physische Alleinsein mit ihrem Angebot auf. Philosophische Praxis zeigt sich im tiefgründigen Gespräch zwischen Menschen. Sie zeigt sich in einem Dialog zweier Personen wie auch im Diskurs in einer größeren Runde. Unscheinbar als Gesprächsangebot verpackt, öffnet die Philosophische Praxis einen Begegnungsraum zwischen Menschen als solchen unter solchen. Und doch ist die Rede von Allgemeingültigem und damit auch vom Persönlichen, ohne etwas Persönliches von sich teilen zu müssen. Oder um es mit Anders Lindseth (2010) zu formulieren: »Am Ort des Lebens des Gastes, der im Gespräch entsteht, geht es immer um eine Sache, die auf dem Spiel steht.« Niemand ist sich der Ernsthaftigkeit dieses Spiels bewusster als die Beteiligten, wenn sie darüber mit der Wucht jeder eigenen Lebenserfahrung in Verhandlung treten, was denn allgemein unter einem Sinn des Lebens, unter einem gelungenen Leben, unter Frieden und Liebe zu verstehen ist.

Dem Zwischenmenschlichen gewidmet bietet die Philosophische Praxis einen Raum, um existenzielle Erfahrungen zu teilen, ohne sie zu pathologisieren. Sie versachlicht, was subjektiv unbeschreiblich ist. Sie schafft Gespräche, wo Sprachlosigkeit über das Eigene herrscht, im Allgemeinen aber noch erzählt werden kann. Der sachliche und zugleich unsachliche Blick verständigt, wo bisher Verständigung ihren Auftrag verweigerte.

Das gemeinsame philosophische Gespräch in echter Begegnung befördert die Auflösung der Kontaktangst mit dem Unsagbaren. Die Menschen sind im gemeinsamen Philosophieren vor keinem Thema zu schonen. Nicht vor Tod, nicht vor Scham, nicht vor Angst. Nicht über Verantwortung, Reue, Akzeptanz oder andere Themen wird geschwiegen.

Nichts Menschliches ist der Philosophie fremd

Angesichts von existenzieller Einsamkeit ist plötzlich etwas teilbar geworden, was sie auflösen kann. Existenzielle Nähe als das Gegenstück der Einsamkeit der Noch-nicht-Toten entsteht hier gerade durch die Distanz der Welten. Die Erfahrung des Menschseins bildet sich, wenn der Blick sich über den eigenen, allzu bekannten Horizont durch die Begegnung mit dem anderen Menschen weitet. Im gemeinsamen Philosophieren.

 Stefanie V. Rieger ist Sozialarbeiterin, Systemische Beraterin (SG), Philosophin und Philosophische Praktikerin. Derzeit ist sie wissenschaftliche Mitarbeiterin und Doktorandin der Philosophie am Zentrum für interdisziplinäre Alterns- und Care-Forschung an der Universität Graz für das FWF-geförderte Forschungsprojekt »Philosophische Praxis in Palliative Care und Hospizarbeit«.
Kontakt: info@denken-und-staunen.de

Literatur

Achenbach, G. (1984). Philosophische Praxis. Köln.
Lindseth, A. (2010). Von der Methode der Philosophischen Praxis als dialogischer Beratung. In: Staude, D. (Hrsg.), Methoden Philosophischer Praxis. Ein Handbuch (S. 67–100). Bielefeld.
Mahlzahn, S. (2023). Sterben, Tod und Einsamkeit. In: Arlt, L.; Becker, N.; Mann, S.; Wirtz, T. (Hrsg.), Einsam in Gesellschaft. Zwischen Tabu und sozialer Herausforderung (S. 211–225). Bielefeld.
Müller, M.: Total pain. In: Steffen-Bürgi, B.; Schärer-Santschi, E.; Staudacher, D.; Monteverde, S.; Knipping, C.; Zegelin, A. (2017). Lehrbuch Palliative Care. 3., vollständig überarbeitete und erweiterte Auflage. Bern.
Platon (2011). Der Staat (Politeia), 514–517e. In: Pfister, J. (Hrsg.), Klassische Texte der Philosophie. Stuttgart.

Schuld trifft Scham trifft Einsamkeit

Chris Paul

Wenn ich an Einsamkeit denke, dann entsteht folgendes Bild in mir: ein leerer Raum, schlecht ausgeleuchtet durch eine nackte Glühbirne, ein Mensch, der vor sich hinstarrt. Es ist niemand da. Der Mensch sieht nirgendwo hin. Er ist nicht nur abgeschnitten von Kontakt zu anderen, sondern auch unverbunden mit sich selbst. Selbst die umgebende Welt ist weder bewusst noch spürbar. In diesem Artikel geht es darum, ob dieses Abgeschnittensein etwas damit zu tun hat, dass sich dieser Mensch schämt, ob er ein schlechtes Gewissen hat oder bittere Vorwürfe gegen andere. In drei Fallvignetten zeige ich mögliche Zusammenhänge zwischen Schuld, Scham und Einsamkeit auf.

Einsamkeit, also ein räumliches und emotionales Getrenntsein von anderen Menschen, kann mit vielen Schuldvorwürfen und/oder voller Scham und Selbstverachtung sehr ambivalent erlebt werden. Einerseits entsteht ein Leiden an der Einsamkeit, andererseits ist ein Leben *ohne* viel Kontakt für Menschen sicherer und/oder stimmiger als eines mit den Kontakten, die sie sich gleichzeitig wünschen.

Einsamkeit kann aber auch eine unmittelbare Folge von Schamgefühl oder Schuldzuweisungen sein. Ein tieferes Verständnis für diesen Zusammenhang kann Unterstützende vor Überforderung und Frustration schützen. Das sorgt bestenfalls für entspanntere und damit wirksamere Angebote für die Betroffenen.

Fallvignette eins

In einem Seminar für suizidbetroffene Eltern war die Stimmung geprägt von Solidarität, Mitgefühl und Verständnis füreinander. Nur eine trauernde Mutter saß das ganze Wochenende weitgehend schweigend dabei, selbst bei den wenigen Sätzen, die sie sprach, hielt sie den Kopf gesenkt. Erst am letzten Vormittag begann sie zu sprechen und hob dabei Stück für Stück ihren Kopf, so dass ihr Gesicht zum ersten Mal sichtbar wurde. Sie erzählte, dass es in ihrer Religionsgemeinschaft kein Verständnis für psychische Erkrankungen gab. Die Depressionen und Wahnvorstellungen ihres Sohnes waren als Besessenheit und Fluch Gottes gedeutet worden. Die gemeinsamen Versuche der Familie, psychologische Hilfe für ihn zu finden, wurden als Gotteslästerung gedeutet. Ihr Sohn war über seinen Tod hinaus als »falsch«, »böse« und »sündig« abgeurteilt worden. Entwertende Urteile von außen und damit verbundene eigene Scham begleiteten ihren Alltag seit der ersten Diagnose ihres Sohnes. Im Seminar fand sie durch die Solidarität der anderen trauernden Eltern zurück zu einem tiefen liebevollen Stolz auf ihren Sohn. Der wiederum ermöglichte es ihr, den eigenen Wert und den ihrer Ehe wieder zu spüren. Endlich konnten auch die anderen Gruppenmitglieder ihre Geschichte begreifen, sie in den Arm nehmen. Der Bann des Abgesondertseins durch ihre Scham war gebrochen!

Scham sondert uns also automatisch ab von anderen, der instinkthaft gesenkte Blick verhindert Kontakt. Das Bewusstsein, »falsch zu sein«, verhindert jede Unbefangenheit: »Nur nicht schon wieder was falsch machen.« »Hoffentlich merkt niemand, wie schrecklich ich in Wirklichkeit bin!« Alleinbleiben ist für schamerfüllte Menschen sicherer als die drohende Verachtung durch

Menschen, die man eigentlich gern kennenlernen würde. Gruppen mit anderen ähnlich Betroffenen sind für beschämte und schamerfüllte Menschen eine Möglichkeit, sich selbst wieder »ins Gesicht zu sehen«. Im Spiegel der anderen, die Ähnliches erlebt haben, gewinnen sie ein Stück ihrer Selbstachtung zurück.

Schamreaktionen entstehen aus der (oft von äußeren Beschämungen verursachten oder verstärkten) Selbstwahrnehmung des generalisierten »Falschseins«. Begriffe wie »verlorene Ehre« oder »das Gesicht verlieren« beschreiben die Beschädigung von Selbstwert und die Verweigerung von Respekt durch andere. In der generalisierten Ablehnung der Person an sich gibt es keinen Ausweg. Vergebung oder ein »Abbüßen« gibt es nur in verwandten Schuldkreisläufen. Denn Schuldvorwürfe beziehen sich in der Regel auf einzelne Handlungen. Solange das »Falsche« so von der handelnden Person an sich getrennt ist, kann es abgestraft, abgebüßt oder wiedergutgemacht werden. Eine Wiederherstellung des Selbstwerts und der von außen bestätigten Menschenwürde ist (theoretisch) möglich. Allerdings um einen hohen Preis.

Jorm Sangsorn / Shutterstock

Handgemenge, bei dem der Onkel stürzte und starb. In der Folge machte die junge Frau sich ständig wachsende Vorwürfe, das Vertrauen ihres Onkels gebrochen zu haben. Sie zog sich von allen Freund:innen und aus dem Familienleben zurück, als »Strafe« für ihren selbst so bezeichneten »Vertrauensbruch«. Ihre Bußfertigkeit ging so weit, dass sie tagelange Schwindelattacken und Magenkrämpfe bekam, sobald sie es wagte, eine Verabredung zu machen oder zu einer Familienfeier zu gehen.

Das wurde erst Stück für Stück besser, als sie in der Beratung begann, sich mit ihren inneren Regeln auseinanderzusetzen und den normativen Konflikt ernst zu nehmen, dem sie ausgesetzt gewesen war. Ihre Loyalität und das Versprechen, niemandem etwas zu sagen, hatten im Widerspruch zu ihrer eigenen Überforderung und vor allem zur drohenden Lebensgefahr des Onkels gestanden – sein Leben zu retten war ihr wichtigstes Anliegen gewesen, als sie sich ihren Eltern anvertraute. »Ich muss und will ihn doch retten!« Als er bei diesem Rettungsversuch starb, war sogar diese Maxime verletzt, zusätzlich zu ihrem »Verbrechen«, den Onkel zu »verraten«. In der Auseinandersetzung mit ihrem inneren Konflikt konnte sie Mitgefühl mit sich selbst an die Stelle der Verurteilung ihres Handelns setzen. Die Liebe zu ihrem Onkel wurde wieder spürbar und auch seine Liebe zu ihr, die sie von dem Druck, den er auf sie ausgeübt hatte, trennen konnte. Im größeren Verständnis für sich selbst und für ihren Onkel begann sie, sich selbst wieder mehr zu erlauben.

Manchmal richten sich Schuldvorwürfe nicht gegen sich selbst, sondern gegen andere. Deren Verhalten wird immer wieder, auch ohne dass das Gegenüber es versteht, bestraft mit Kontaktabbruch, Schweigen, übler Nachrede und Verleumdung.

Fallvignette zwei

Sie war die Einzige, die, beginnend mit ihrem 14. Lebensjahr, von einer schwerwiegenden Erkrankung bei ihm wusste; er verbot ihr, mit anderen darüber zu sprechen. Durch mangelnde Pflege geriet er in einen lebensbedrohlichen Zustand und die junge Frau informierte in ihrer Not ihre Eltern. Gemeinsam entschieden sie, einen Krankenwagen zu rufen. Die junge Frau tat alles, um ihren Onkel zu beruhigen. Trotzdem kam es beim Transport zu einem

Fallvignette drei

Eine 85 Jahre alte Frau, die im betreuten Wohnen lebte, reagierte nach anfänglicher Freundlichkeit zunehmend ablehnend auf sämtliche Unterstützer:innen. Gleichzeitig schimpfte und klagte sie über ihr Alleinsein und die empfundene Einsamkeit. In ihrer Lebensgeschichte gab es viele Verluste und Vertrauensbrüche. Angefangen mit der langen Trennung vom Vater, der als Soldat auch nach dem Zweiten Weltkrieg mehrere Jahre in Kriegsgefangenschaft war. Ihre Ausbildung und Anstellung in einem kirchlichen Verein hatten sie sehr erfüllt, doch Stellenkürzungen und Mobbing hatten sie nach Jahrzehnten erfolgreicher Tätigkeit arbeitslos gemacht. Auch ihr tiefer christlicher Glaube war dadurch verloren gegangen. Ihr Mann hatte sie mehrfach betrogen und lebt nun in einer anderen Beziehung mit einer ehemaligen Freundin von ihr. Den Kontakt zum gemeinsamen Freundeskreis und zu eigenen Freundinnen hatte sie abgebrochen, als ihre Forderungen nach Ächtung der neuen Partnerin nicht erfüllt wurden. Sie neigte dazu, die wenigen verbliebenen Kontakte, auch zu Pflegenden, entweder zu idealisieren oder zu verteufeln, worauf diese zunehmend mit Ablehnung und Rückzug reagierten. Einer Mitarbeiterin gelang es schließlich, eine stabile Beziehung zu der alten Dame aufzubauen, indem sie mit Humor und unerschütterlicher Zuneigung auf die wechselnden Stimmungen und Bewertungen reagierte.

Mahlow, Brandenburg – Seniorenbetreuung im Priessnitzhaus, 2004 / akg-images / Stefan Trappe

Wenn Menschen auf ihre biografischen Erfahrungen mit generalisiertem Misstrauen reagieren, dann haben Unterstützer:innen wenig Chancen, das grundsätzlich zu ändern. Sie brauchen eine sehr hohe Frustrationstoleranz und eine niedrigschwellige Definition von Erfolg. Denn trotz des anhaltenden Leidensdrucks können diese verbitterten Menschen es nicht lange mit anderen aushalten. Nähe bedeutet für sie die Gefahr, erneut verletzt, missbraucht und verlassen zu werden. Dieser Stress ist für sie größer als der Stress des Alleinseins.

Was tun?

Geduld, Mitgefühl, Akzeptanz und Verständnis sind die Schlüsselwörter für die Begegnung mit Menschen, die im Rahmen ihrer Beschämungen und ihrer Beschuldigungen einsam geworden sind. Sie brauchen behutsame, respektvolle Begegnungsangebote, die den Selbstwert wecken und ein Leben ohne Selbstverachtung und Bußaktivitäten, aber auch ohne Misstrauen und Bestrafung anderer gegenüber, zumindest für kurze Zeitfenster möglich machen. Humor, der ohne Sarkasmus und Ironie auskommt, sondern leichtfüßig und »reinen Herzens« daherkommt, ist dabei eine große Hilfe. Für die eigene Psychohygiene empfiehlt es sich, mit den Haltungen der *Konstruktiven Schuldbearbeitung* zu arbeiten. Ein »Innehalten« als Ausdruck der Selbstfürsorge, ein

»Abstandhalten« als Ausdruck für professionelle Distanz, die destruktive Lebenseinstellungen und auch Kommunikationsstrategien ertragen kann, ohne sie persönlich zu nehmen; und ein »Aushalten« als Ausdruck für die Fähigkeit, das nicht veränderbare Leid des Gegenübers als Teil seiner biografischen Narrative zu akzeptieren, ohne es »wegmachen« zu wollen oder selbst an dem bezeugten Leid zu zerbrechen.

Chris Paul ist Soziale Verhaltenswissenschaftlerin und Heilpraktikerin für Psychotherapie mit dem Schwerpunkt Trauerberatung. Als Trainerin und Fachbuchautorin setzt sie sich seit über 20 Jahren für die angemessene Begleitung von trauernden Menschen ein. Sie ist eine der renommiertesten Trauerbegleiterinnen Deutschlands. Sie ist Leiterin des TrauerInstituts Deutschland und der Online-Akademie FacettenReich.
Kontakt: info@chrispaul.de
Website: https://chrispaul.de

Literatur

Brinkmann, T.; Möllers, J.; Paul, C. (2021). Schuldvorwürfe in der Palliativversorgung neu verstehen. In: Zeitschrift für Palliativmedizin, S. 139–145.

Brinkmann, T.; Möllers, J.; Paul, C. (2022). Kann ich mir das jemals verzeihen? Voraussetzungen und Möglichkeiten der Selbstvergebung In: Leidfaden, 3, S. 4-7.

Hülshoff, T. (2012). Emotionen. Eine Einführung für beratende, therapeutische, pädagogische und soziale Berufe. 4., aktualisierte Auflage. München, Basel.

Paul, C. (2010). Schuld – Macht – Sinn. Arbeitsbuch für die Begleitung von Schuldfragen im Trauerprozess. Gütersloh.

Trotz des anhaltenden Leidensdrucks können verbitterte Menschen es nicht lange mit anderen aushalten. Nähe bedeutet für sie die Gefahr, erneut verletzt, missbraucht und verlassen zu werden. Dieser Stress ist für sie größer als der Stress des Alleinseins.

TROTZDEM …

Rainer Simader (RS) im Gespräch mit Katarina Posch (KP)

Gesundheitseinschränkungen führen mitunter zu Isolation und Einsamkeit. Wenn diese Einschränkungen ausgeprägt sind, wenn beispielsweise Motorik und Sprechen nicht mehr möglich sind, bleibt die Frage, ob und wie ein Verbundensein möglich ist. Um dies zu reflektieren, treffe ich mich mit Univ. Prof.in Dr.in Katarina Posch.

2015 erlitt sie einen ausgeprägten Schlaganfall im Hirnstamm und entwickelte in Folge ein Locked-in-Syndrom (siehe Informationskasten). Katarina Posch lebte bis 2015 in New York und war als Professorin für Designgeschichte am renommierten Pratt Institute tätig. Davor war sie Kuratorin am Centre Pompidou in Paris, promovierte in Designgeschichte in Tokio und studierte Design und Kulturmanagement in Wien. Heute lebt sie in Wien in einem Pflegekrankenhaus.

»Das **Locked-in-Syndrom** (…) bezeichnet einen Zustand, in dem ein Mensch zwar bei Bewusstsein, jedoch körperlich fast vollständig gelähmt und unfähig ist, sich sprachlich oder durch Bewegungen verständlich zu machen« (Wikipedia-Artikel »Locked-in-Syndrom«).
Ausgelöst wird dieser Zustand zum Beispiel durch einen Schlaganfall im Hirnstamm. Katarina Posch kommuniziert wie manch andere Patient:innnen mit Locked-in-Syndrom meist über einen Sprachcomputer, dessen Tastatur mit Augenbewegungen bedient wird.

Bekanntheit erlangte diese seltene Erkrankung durch das Buch und dessen Verfilmung »Schmetterling und Taucherglocke« (1997 und 2007).
Jean-Dominique Bauby, der ehemalige Chefredakteur des Modemagazins »Elle«, hatte das Locked-in-Syndrom und diktierte das Buch mittels Zwinkern eines Auges.

RS: Liebe Katarina, wie erlebst du Locked-in-Syndrom?
KP: Locked-in-Syndrom bedeutet, das Leben anders zu erleben: körperlich passiv (ich kann mich ja kaum bewegen und kann deshalb auch nicht die kleinsten Alltäglichkeiten selbst machen). Für jemanden wie mich, die in Amerika gelernt hat, jeden Tag Sport zu machen (Inlineskating, Segeln, Kayaking, Tango tanzen), hat es Jahre gebraucht, sich daran zu gewöhnen! Es verlagert sich vermehrt dazu, passive Genüsse zu schätzen (ich gehe viel in die Oper, ins Theater und in Ausstellungen). Ich bin sehr froh, endlich meine drei Lieblingssendungen im Radio regelmäßig hören

Leidfaden, Heft 3 / 2024, S. 28–33, ISSN (Printausgabe): 2192-1202, ISSN (online): 2196-8217, © 2024 Vandenhoeck & Ruprecht

zu können: »Pasticcio«, »Radiokolleg« und »Kulturtreffpunkt« (das wollte ich schon seit Studientagen; es hat viele Radiosender auf drei Kontinenten gebraucht, um wieder zu Ö1 zurückzufinden).

Locked-in-Syndrom bedeutet auch, nichts einfach schnell fragen oder sagen zu können, auch keine humorigen Kommentare! Das heißt, man wird sehr geduldig (auch wenn das viele bezweifeln), und man wird sein eigenes und einziges Publikum! Die eigenen Gedanken kann sonst niemand hören! Und ich höre mich laut! Außer ich höre oder schaue etwas oder ich höre jemandem zu, höre ich meine Gedanken. Da hat man besser etwas zu sagen! Deswegen bin ich froh über jede geistige Herausforderung.

Jede zwischenmenschliche Kommunikation hat geschrieben zu sein, was den Stil beeinflusst.

Auch kann man nicht mehr mit den Händen sprechen, was verlangt, dass man sich einzig auf Worte limitieren muss! Versuche einmal »schräg« oder »wellenförmig« ohne Hände zu beschreiben! Und man kann sich keine Notizen machen! Das heißt, man muss sich Strategien zurechtlegen, sein Gedächtnis zu verbessern!

Aber das sind alles Herausforderungen, die einem auch die Seele stärken. Die Aufgaben sind jetzt andere (die man sich wahrscheinlich nicht selbst ausgesucht hätte), aber sie sind nicht uninteressant. Sie gehen jedenfalls viel tiefer als auch die Beste meiner Vorlesungen! Das ist wahrscheinlich das Beste gegen Einsamkeit und Depressionen: nie aufhören, geistig aktiv zu sein – man hält das Gehirn fit und man fühlt sich noch als Teil der Gesellschaft, der man noch etwas zu geben hat!

RS: Bedeutet Locked-in-Syndrom Einsamkeit?
KP: Um die Frage direkt zu beantworten: Nein, nicht notwendigerweise. Die Definition von Einsamkeit verschiebt sich. Auf Wikipedia steht die Definition von Einsamkeit: »*Der Begriff Einsamkeit bezeichnet im Sprachgebrauch der Gegenwart vor allem eine wahrgenommene Diskrepanz zwischen den gewünschten und den tatsächlich vor-* handenen sozialen Beziehungen eines Menschen. Es handelt sich dabei um das subjektive Gefühl, dass die vorhandenen sozialen Beziehungen und Kontakte nicht die gewünschte Qualität haben« (Wikipedia-Artikel »Einsamkeit«).

Tatsächlich bin ich weniger allein denn je: Ich war vorher ein begeisterter Single, auch in Beziehungen: Ich lebte am liebsten allein; ich ging mit Vorliebe allein in die Oper und ins Theater; ich habe Mannschaftssport nie etwas abgewinnen können; sogar zu Tanzveranstaltungen bin ich allein gegangen; und gereist bin ich mangels Gesellschaft auch viel allein. Das Wichtigste ist aber, dass ich mein Leben als Single konzipiert hatte – eigentlich wie ein Mann meiner Generation. Ich bin immer meinen Interessen gefolgt, und wenn es unterwegs einen Kompagnon gegeben hätte, hätte ich vielleicht nicht nein gesagt! Aber das passiert Frauen seltener als Männern.

Ich war trotzdem kein Kind von Traurigkeit: Ich habe mich auf Freundschaften konzentriert (die ich schon seit Jahrzehnten hochhalte) und hatte Beziehungen, in die ein Ablaufdatum eingeschrieben war (ich habe sie intensiv gelebt, aber im Unbewussten war mir klar, dass keine je für die Ewigkeit gemacht war). Zu gern hatte ich Neuanfänge, in jeder Beziehung! Ich hatte an neun Universitäten in fünf verschiedenen Disziplinen studiert, ich habe in sechs verschiedenen Ländern auf drei Kontinenten gelebt, ich war in zehn verschiedenen Berufen tätig, und war in neun verschiedenen Liebesbeziehungen. Und jeder Neuanfang war mir sehr willkommen!

Das ist mir natürlich nicht mehr möglich! Aber ich akzeptiere (meistens) diese Limitierungen, weil die Qualität meiner persönlichen Kontakte eine andere geworden ist!

Jetzt bin ich lokal (seit neun Jahren nicht über einen Radius von 300 Kilometern hinaus gekommen) und 24/7 von Menschen umgeben, weil ich für alle physischen Aktivitäten die Hilfe anderer Leute brauche: Ich mache Aktivitäten wie Oper, Theater, Ausstellungen, Shopping mit Partner:innen. Sport und Tanzen sind für mich ohnehin

Geschichte. Aber auch sehr persönliche Sachen wie Körperpflege oder Essen muss von anderen Menschen besorgt werden!

Nur intellektuelle Tätigkeiten wie Denken oder Schreiben kann ich allein.

Und damit bin ich bei der Verschiebung. Wie auch »Planet Wissen« weiß: »*Einsamkeit ist oft unangenehm, kann aber auch ein nützliches Gefühl sein: Sie zeigt uns, dass Veränderungen anstehen. Sie ist eine Aufforderung, Schritte zu überlegen und diese auch zu gehen« (Angelika Wörthmüller)*[1].

Ich würde gern auf die Notwendigkeit der Veränderung zurückkommen! Die Akzeptanz des Seins in seinen Gedanken, und nicht mehr in seiner Körperlichkeit, hat durchaus etwas Zukunftsweisendes! Man schlägt dem Alter ein Schnippchen, bevor es zuschlagen kann!

Vorbei ist der alltägliche Smalltalk (ich gestehe, dass ich mich oft hinter meiner Wortlosigkeit verstecke). Nur noch überlegte Statements – was will man mehr?

Nun, die spontane Interaktion ist auf nonverbale Kommunikation limitiert. Meine Kommentare zu Oper, Theater oder gegenwärtigen Punkten zu alltäglichen Problemen müssen mindestens 24 Stunden warten. Auch wenn ich sofort etwas dazu zu sagen hätte – ich muss es erst tippen und dann meine Gedanken als E-Mail verschicken! Das dauert klarerweise!

Wenn andere Leute an meinen Gedanken interessiert sein sollten, kann ich mit diesen eine Beziehung führen! Das heißt, man lernt, Menschen nach anderen Kriterien zu beurteilen: nach der Qualität ihres Jobs auf der einen Seite und nach der Loyalität auf der anderen. Verlässlichkeit bekommt einen ganz anderen Stellenwert! Diese zwei Werte muss man sich immer vor Augen halten!

RS: Als wir uns kennen gelernt haben, sind wir gleich sehr tief in das Gespräch eingestiegen, auch auf einer persönlichen Ebene. Ich habe erzählt, dass ich sehr gern mehr Zeit zum Schreiben und Denken hätte. Du hast darauf geantwortet: »Dann kann

ich locked-in sehr empfehlen.« Ich merkte, wie mir sowohl das Lachen als auch das Weinen im Hals stecken blieb. Es mag eine etwas mutige Frage sein: Hast du, nach neun Jahren Leben mit dieser Diagnose, Vorteile an deinem Leben entdeckt im Vergleich zu früher?

KP: Es gibt tatsächlich auch Vorteile des Locked-in-Syndroms. Man kann arbeiten, wozu man Lust hat! Dank eines guten Sozialsystems in Österreich (in das mich mein seliger Vater überredet hatte, ab meinem dreißigsten Lebensjahr einzuzahlen). Der existenzielle Druck ist ziemlich verschwunden! (Deswegen auch mein humoriger Rat: Wenn man gern denkt und schreibt, ist das Locked-in-Syndrom ideal!)

Nichts mehr selbst machen zu können, ist schwer. Nichts mehr selbst machen zu müssen, ist Luxus!

Ich brauche mir nicht einmal mehr selbst die Zähne zu putzen! Ich brauche nicht selbst Auto zu fahren, und wenn ich mich dem öffentlichen Verkehr überlasse, dann stets auf reserviertem Platz (es hat Vorteile, auch in der überfülltesten Straßenbahn nicht stehen zu müssen!). Im Zug fahre ich erste Klasse und bekomme noch je zwei Stewards am Abreise- und Ankunftsbahnhof zur Hilfe zur Verfügung gestellt!

In Theatern und in der Oper werden mir in Preisklassen Plätze zugewiesen, die ich mir als Normalbürger nie leisten würde! Und das zu reduziertem Preis! Da muss die Wiener Staatsoper lobend erwähnt werden! Es gibt zwar Probleme mit dem Lift, aber das Preis-Leistungs-Verhältnis ist phänomenal!

Ich fühle mich privilegiert, dass ich, seit ich locked-in bin, tolle Leute kennenlernen durfte, mit denen ich gern in Beziehung trete! Manche verdienen dadurch Geld – na und? Dann haben sie eben professionelles Interesse!

Fazit: Wenn man die notwendige Veränderung annehmen kann, kann man etwas Positives daraus ziehen: Spontaneität und körperliche Aktivitäten werden durch intensiven Gedankenaustausch ersetzt.

Paul Klee, Feuer bei Vollmond, 1933 / Bridgeman Images

RS: Es sind so viele Menschen um dich bemüht. Pflegende, Ärzt:innen, Therapeut:innen. Und vermutlich haben sich seit dieser Diagnose auch private Beziehungen verändert: Was zeichnet für dich ein Verbundensein mit diesen Menschen aus? Was ist für dich eine mit jenen und der Welt verbindende Begleitung?

KP: Ja, Freundeskreise haben sich sehr verändert. Viele Freunde aus dem professionellen Umfeld sind weggefallen, aber auch einige alte Freunde haben das Weite gesucht.

Aber andere Menschen können sich mir leichter öffnen, weil die Wahrscheinlichkeit, dass ich etwas ausplaudere, gering ist.

Verbundenheit mit anderen Menschen hat sich verschoben und aufgespalten.

Die Leute, die nicht meinetwegen mit mir befreundet waren, sondern die sich etwas anderes von dem Kontakt mit mir erhofft hatten. Ich bin deswegen nicht enttäuscht – Netzwerke sind dafür da! Ich war durchaus stolz darauf, anderen bei ihrem Werdegang behilflich sein zu können!

Diese Facette meines Seins existiert kaum mehr, und scheinbar ohne diesen Benefit ist es eine sinnlose Anstrengung, mit mir Zeit zu verbringen! Man unterschätzt das geschriebene Wort, dessen ich noch durchaus mächtig bin …

Die existierenden Menschen sind auf der einen Seite die, die geistig mit mir verbunden sind. Ich genieße diese Verbundenheit sehr! Mehr, als ich vorher eine Verbindung mit jemandem bewusst genossen habe! Interessanterweise habe ich die meisten, aber nicht alle, kennengelernt, als ich schon locked-in war. Aber auch alte, bleibende Beziehungen erscheinen mir in einem neuen, intensiveren Licht.

Auf der anderen Seite gibt es die Menschen, die sich um mein leibliches Wohl kümmern. Die sind

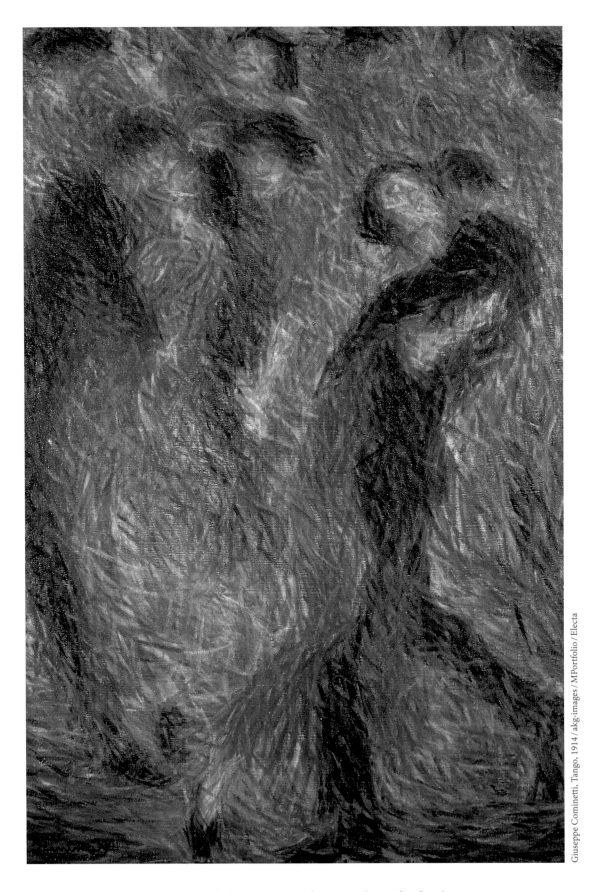

»Eine Musiktherapeutin hat mich aufgefordert, im Geist mit ihr zu tanzen, während wir ›Libertango‹ von Astor Piazzolla gehört haben. Es hat funktioniert!«

wie im gesunden Leben Leute, die man sich nicht aussucht. Ich habe das Glück, dass die Pflegepersonen um mich herum professionell, gut und engagiert sind.

Sie sind aber nicht für mein geistiges Wohl zuständig, und daran muss ich mich immer wieder erinnern! Ich freue mich zwar über manches gute Gespräch und einige positive Beziehungen, aber es ist mir bewusst, dass das ein Luxus ist. Ich kann es nicht erwarten – das würde beide Seiten überfordern. Das ist nicht ihre Aufgabe. Einander mit Respekt für das, wofür man trainiert worden ist, zu begegnen ist wünschenswerter, finde ich!

Und dann gibt es die Menschen, die sowohl geistige als auch körperliche Verbundenheit bieten! Ich bin in der glücklichen Lage, solchen Therapeuten begegnet zu sein! Ich genieße dieses Zusammenspiel sehr, sodass die Therapien, meine ich, auch effektiv sind. Es geht langsam, aber stetig bergauf. Diese Therapien tragen sehr zu meiner Motivation bei!

RS: Die Realität ist ja, dass du heute bei weitem nicht mehr all das machen kannst, was du in der Zeit vor dem Schlaganfall tun konntest. Wenn ich mich hier in diesem Raum umsehe, sehe ich so viele Bilder aus New York, den Fujiyama, dich bei ganz vielen Events. Und du sagtest, dass du leidenschaftliche Tangotänzerin warst. Inwiefern sind Erinnerungen und Gespräche über die »gesunde« Zeit hilfreich für dich?

KP: Zu Beginn meines Zustands als locked-in war ich mir des Zeiten-Problems sehr bewusst: Ich hatte eine reiche Vergangenheit, die ich nicht vergessen wollte und die zudem sehr schön war. Hatte ich doch lange bewusst darauf hingearbeitet, die Idealvorstellung meines Lebens zu verwirklichen: selbstständig in New York, Professorin, großer Freundeskreis und professionelle Netzwerke, eigene Wohnung mit Terrasse in Manhattan und viele Freizeitaktivitäten wie Oper, Museen, Partys, Sport oder etwa Tango.

Ich war zerrissen zwischen lustvollen Gedanken an die Vergangenheit und einem Bedürfnis, mich auf die Zukunft zu konzentrieren, weil die intensive Beschäftigung mit den zukünftigen Möglichkeiten mein Lernen beschleunigen würde, habe ich gedacht. Schließlich hatte ich Erfahrungen damit.

Ich habe meine Psychologin Frau Dr. Bach gefragt, was ich präferieren sollte. Sie hat etwas sehr Wichtiges für mich gesagt: beides zu gleichen Teilen! Denn die Vergangenheit sei die Basis meiner Persönlichkeit, für die Zukunft hat man aber offen zu sein, falls etwas kommt!

So halte ich es seitdem. Ich lebe heute sehr im Jetzt (dazu hatte ich schon lange ein Talent), gehe aber bewusst in die Vergangenheit, weil ich sie auf keinen Fall vergessen möchte (sie ist mein Reichtum). Und ich bereite mich durch tägliche Übungen auf eine Zukunft vor, falls sie kommt. Ich mache meinen Frieden mit meiner Situation – mittlerweile genieße ich die Vorteile und die Ereignisse der Gegenwart – und eine mögliche Zukunft ist weniger wichtig!

Tango fehlt mir allerdings sehr! Überhaupt jede Bewegung. Nachdem sich mein Plan, an meinem 50. Geburtstag wieder zu tanzen, nicht realisiert hatte, habe ich viel Tangomusik gehört. Und letzten Sommer hat mich eine Musiktherapeutin aufgefordert, im Geist mit ihr zu tanzen, während wir »Libertango« von Astor Piazzolla gehört haben.

Es hat funktioniert! Ich habe die Bewegungen bis in die Glieder hinein gespürt – so, als hätte ich selbst die Schritte, Drehungen und Ganchos gemacht! Es war herrlich!

Es braucht also niemand Angst zu haben, meine Erinnerungen zu wecken! Ich erinnere mich gern an meine guten Zeiten – ich habe sie ja, um mich zu erinnern!

RS: Ich danke dir, dass du mit all deinem Sein und diesem Interview auch in mir und in vielen der Leser:innen eine beeindruckende Erinnerung geworden bist.

Anmerkung

1 https://www.planet-wissen.de/gesellschaft/psychologie/emotionen_wegweiser_durchs_leben/einsamkeit-114.htm

Nicht alleine im Wartezimmer und doch einsam …

Ein Wartezimmerkurzbericht von Lisa Grund[1], 63 Jahre alt,
an Brustkrebs erkrankt und Wartende.

Vor sieben Monaten wurde bei mir die Diagnose Brustkrebs diagnostiziert. Seitdem habe ich viel Zeit in Wartezimmern verbracht. Die Bezeichnung *Wartezimmer* wird ihrer Bedeutung heute wieder gerecht. Ich sitze seit 67 Minuten in diesem Wartezimmer meiner onkologischen Praxis und warte. Ich harre aus. Es wäre sicher interessant auszurechnen, wie viele Stunden ich in den vergangenen sieben Monate in Wartezimmern verbracht habe. Ich tue es nicht, möchte die Zahl gar nicht wissen, denn es wird eine Zahl sein, die meine ohnehin geschwächte Lebensqualität noch mehr mindert. Mir fällt nebenbei bemerkt auf, dass das Wort *Lebens-Qualität* das Wort *Nebel* beinhaltet sowie auf *Qual* verweist (*Leben* rück-

wärts gelesen heißt *Nebel* und in *Qualität* steckt das Wort *Qual*). Beides ist seit meinem *D-Day* (Diagnose-Tag) Teil meines Lebens. Nebel und Qual. In vielerlei Hinsicht erlebe ich meine Situation nebelhaft, verschleiert, so vieles verstehe ich nicht. Damit meine ich nicht nur kognitiv zu Erfassendes, sondern auch Grundsätzliches. Warum bin ich überhaupt erkrankt? Warum gibt es diese Krankheit? Warum sterben noch so viele Menschen an Krebs? Antworten darauf gibt es nicht und auch diese Antwortlosigkeit ist mir Qual. Heute sollen die Ergebnisse der letzten

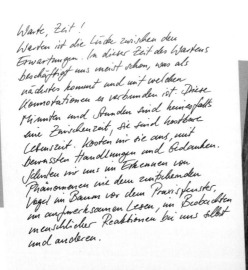

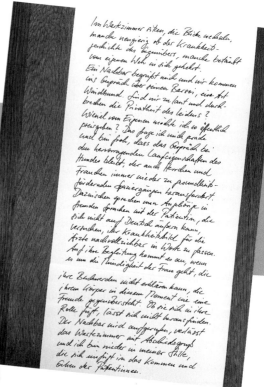

Gedanken und Notizen einer an Krebs erkrankten Frau im Wartezimmer

Leidfaden, Heft 3 / 2024, S. 34–36, ISSN (Printausgabe): 2192-1202, ISSN (online): 2196-8217, © 2024 Vandenhoeck & Ruprecht

Blutuntersuchung besprochen werden und die weitere Vorgehensweise, oder wie die Ärztin es nennt: die weitere Therapiestrategie.

Im Wartezimmer herrscht eine merkwürdige Stille, die nur vom leisen Summen der Deckenleuchten und dem Hinein- oder Hinausgehen von Miterkrankten durchbrochen wird. Es ist eine Stille, die nicht nur die Abwesenheit von Lärm kennzeichnet, sondern es ist eine schwer lastende Atmosphäre, die meine Einsamkeit und die derjenigen, die hier mit mir sitzen, fast greifbar macht.

Jeder einzelne Stuhl hier im Raum – ob besetzt oder unbesetzt – scheint eine Geschichte zu erzählen – Geschichten von Angst, Hoffnung, Verlust und Überleben. Das Zusammenkommen mit den Mitwartenden hier ist rein zufällig. Es findet nicht qua Verabredung, sondern per Terminvergabe statt. Das Mitspracherecht (Wann? Wo? Wer?) ist äußerst gering und somit ist auch kein Verbundensein unter uns Wartenden spürbar. Jede Frau für sich wartet auf das, was da kommen mag. Und doch teilen wir, während wir hier zusammenkommen, etwas, wir teilen unsere isolierte Existenz. Fast alle Köpfe sind auf das Display des Handys gesenkt, Zeitschriften liegen leider seit Corona nicht mehr aus. Manchmal wird leise mit den Angehörigen geflüstert, manchmal heben sich die Köpfe, um auf die Uhr zu schauen, oder die Blicke streifen durch den Raum, manchmal flüchtig, manchmal verweilend auf den Gesichtern ihrer Mitwarterinnen. Blicke, die nach Anzeichen von Verständnis, nach einem Hauch von Trost suchen, Blicke, die den Wunsch zeigen, nicht allein zu sein.

Die Uhr an der Wand tickt unaufhörlich, und jede Sekunde fühlt sich an wie eine Ewigkeit. Gedanken kreisen wie Geier über meinem Kopf, während ich versuche, mich auf das, was gut ist, zu konzentrieren, auf die kleinen Hoffnungsschimmer, die mich durch den Tag tragen. Und gleichzeitig fühle ich mich inmitten all dieser Versuche, stark zu bleiben, doch so verletzlich und unendlich einsam.

Privat

Ich bin heute allein hier, wollte es einfach nur mal ausprobieren. In der Regel geht meine Schwester zu den Arztbesuchen mit. Das tut mir gut, gibt mir Halt und ich habe das Gefühl, nicht allein zu sein. Doch ist die Begleitung nicht immer hilfreich. Oft spüre ich ihren Schmerz, ihre Angst um mich. Weiß, dass sie es hasst, so ausgeliefert zu sein, nichts ändern zu können. Ich merke dann, dass auch dies mich belastet. Gern würde ich ihr zur Entspannung eine heitere Geschichte erzählen, doch genau im Wartezimmer verlassen mich die Geschichten, lassen mich allein und hinterlassen nur Fragen: Wann geht es weiter? Warum dauert das so lange? Wann komme endlich ich dran? Haben die mich vergessen? Was mache ich, wenn …? Ich beobachte auch andere, die Angehörige an ihrer Seite haben, Angehörige, die stumm neben ihnen sitzen, die Hände ineinander verschränkt, und doch auch ein stummer Ausdruck der Solidarität. Irgendwie sind alle durch eine Sache vereint, sie fühlen sich manchmal wie Inseln im Meer der Unsicherheit, getrennt von der Welt draußen, von einem Leben, das sie früher kannten.

Nach 73 Minuten werde ich aufgerufen. »Nehmen Sie schon mal Platz. Die Frau Doktor kommt gleich.« Wieder sitze ich in einem Zimmer und warte. Dieses Zimmer heißt »Arztzimmer«. Es könnte jedoch auch »WARTE-Raum 2« heißen, denn auch hier sitze ich 13 Minuten. Ich traue mich nicht, mein Handy hervorzuholen, denn die Ärztin kann ja jeden Moment kommen. Als sie endlich kommt, höre ich kein Wort von ihr, das mir zeigen würde: »Ich ahne, dass dieses Warten für Sie wie der Vorhof der Hölle sein muss.« Sie schaut mich stattdessen – durchaus freundlich lächelnd – an und sagt: »Lassen Sie mich mal kurz schauen, worum es geht.« Und wieder warte ich, während sie sich durch unterschiedliche Dateien klickt und ihr Blick auf den Bildschirm gerichtet ist. Hin und wieder runzelt sie die Stirn, gibt Laute von sich wie »hmmm« oder Worte wie »ach ja«, dann endlich blickt sie zu mir auf und sagt »Gute Nachrichten. Alles bestens. Die Werte sind wie gewünscht. Die Therapie tut ihr Werk. Wir können so weitermachen.« Sie schreibt noch eine Verordnung und sagt: »Wir sehen uns in zwei Wochen wieder, nehmen Sie noch einen Moment im Wartezimmer Platz. Sie bekommen noch das Rezept und den Termin.« Dann schüttelt sie mir die Hand und verschwindet in einen weiteren »WARTE-Raum 2« und ich setze mich wieder ins Wartezimmer und schaue auf die Uhr. Seit Betreten des Wartezimmers sind 93 Minuten vergangen. Sechs davon war ich bei der Ärztin. Und dennoch verlasse ich die Praxis nach 114 Minuten mit einem erleichterten Gefühl und kehre wieder zurück in mein verändertes Leben. Erleichterung schlägt Einsamkeit. Bis zum nächsten Mal.

Anmerkung

1 Pseudonym. Der Name der Autorin ist der Redaktion bekannt.

Zurück in die Unsichtbarkeit
Einsamkeitserleben von queeren Senior*innen

Alexander Marschner

Marita[1] lernte ich vor vier Monaten im Queeren Zentrum unserer Stadt kennen. Im Gespräch erfuhr sie von mir, dass ich als Trauerbegleiter tätig bin, und fragte die Begleitung bei mir an. Ihre Ehefrau Susann verstarb vor eineinhalb Jahren und seitdem fühlt sich Marita sehr einsam in ihrer kleinen Welt.

Sie machte bereits den ersten selbstfürsorglichen Schritt mit der Kontaktaufnahme zum Queeren Zentrum, von welchem sie in der Zeitung erfuhr. Die 68-jährige Frau nimmt an sich eine starke Beeinträchtigung ihrer Lebensqualität wahr, bedingt durch Antriebslosigkeit, Niedergeschlagenheit und dem Gefühl, den Sinn ihres Lebens punktuell verloren zu haben.

Gleichzeitig ist sie sich ihrer wertvollen Lebenszeit bewusst und möchte zusammen mit ihrer stetigen Begleiterin, namentlich »Fräulein Trauer«, wieder Anschluss an ihre Mitmenschen und der Lebensfreude finden. Marita schildert mir ihre Sorge vor einer depressiven Erkrankung und fügt hinzu, dass sich Susann eine glückliche Lebenszeit für sie wünschte.

Queer steht als Sammelbegriff für: lesbisch, schwul, bisexuell, trans*, inter*, asexuell und weitere. Rund 10 bis 12 Prozent der Menschen definieren sich als queer und sind demnach nicht heterosexuell und/oder cisgeschlechtlich.

Belastungsfaktoren im Alter

Einsamkeit und Isolation zählen als psychosoziale Belastungen zu den sozialen Stressoren unseres Menschseins. Aus der endokrinologischen Forschung ist bekannt, dass Verbundensein biochemische Prozesse in uns anstößt, wobei das Bindungshormon Oxytocin freigegeben und dadurch das Stresshormon Cortisol gehemmt wird.

Die Ausschüttungsförderung des Bindungshormons hat eine direkte, stärkende Auswirkung auf das Immunsystem, und gleichzeitig wirkt das Oxytocin positiv auf die Psyche. Einsamkeit ist demnach nicht ausschließlich eine subjektive Empfindung, sondern indirekt messbar.

Auch offenbarte mir Marita ihre Erleichterung darüber, dass ich als schwuler Mann Begleitungen anbiete, Teil derselben Community bin und sie somit ihre lesbische Identität weder erklären noch verteidigen muss. Aufgrund ihrer Biografie, die durch Diskriminierungs- und Gewalterlebnisse geprägt ist, hätte sie sich nicht sorgenfrei in die Trauerbegleitung einer heteronormativen Fachkraft begeben.

Maritas Erfahrungen betreffen mindestens eine ganze Generation queerer Menschen – jene, die der Nachkriegsgeneration angehören. Bis zum 11. Juni 1994 standen homosexuelle Handlungen unter Strafe und wurden nach § 175 StGB sanktioniert. Auch wenn sich der Paragraf ausschließlich auf männliche Homosexualität bezog, stellten die gesellschaftlichen Repressalien gegenüber lesbischen Frauen sowie transgeschlechtlichen Menschen gleichermaßen einen Verstoß gegen die Menschenwürde dar.

Innerhalb der Community wird von einem kollektiven Trauma gesprochen, das eine spürbare Narbe in der queeren Seele hinterließ. Zu diesem Trauma zählen die gesellschaftliche Ausgrenzung,

Leidfaden, Heft 3 / 2024, S. 37–41, ISSN (Printausgabe): 2192-1202, ISSN (online): 2196-8217, © 2024 Vandenhoeck & Ruprecht

strafrechtliche Verfolgung, gewaltvolle Übergriffe und ebenso der verächtliche Umgang mit HIV-positiven sowie an AIDS-erkrankten Menschen jener Zeit. Die queere Community ist auch heute noch eine gesellschaftlich marginalisierte Gruppe, was der Anstieg an Hasskriminalität gegenüber queeren Menschen in der Jahresstatistik für 2022 verdeutlicht.

Was uns gesamtgesellschaftlich eint, ist die Erfüllung des menschlichen Grundbedürfnisses nach Bindung. Im Umkehrschluss empfinden wir Einsamkeit, wenn qualitatives Verbundensein in unserem Leben fehlt. In meiner Wahrnehmung unterscheidet sich das Einsamkeitserleben von heterosexuellen und queeren Senior*innen nicht grundsätzlich, lediglich stellen sich die Vulnerabilitätsfaktoren bei queeren Senior*innen anders gewichtet dar.

In der queeren Community wird neben der Herkunftsfamilie oftmals das Modell der Wahlfamilie gelebt. Hierbei finden Menschen zueinander, welche in keinem Verwandtschaftsverhältnis und doch in inniger Verbindung zueinander stehen, Verantwortung sowie Care-Arbeit füreinander übernehmen und manchmal auch in einer gemeinsamen Wohnform leben. Maritas Wahlfamilie ist kaum noch existent, im Laufe der letzten Jahre verstarb der Großteil ihrer geliebten Menschen und zuletzt auch Susann.

Als Frau ist Marita von zwei Parametern betroffen, die zunächst nicht mit ihrer sexuellen Orientierung korrelieren. Im Jahr 2022 empfanden zum einen 15 Prozent der hochaltrigen Frauen Einsamkeit im Vergleich zu 7,4 Prozent der hochaltrigen Männer. Zum anderen waren 20 Prozent der Frauen über 65 Jahre von Armutsgefährdung betroffen und nur knapp 16 Prozent der Männer der gleichen Altersgruppe.

Die Angst vor Altersarmut stellt einen weiteren psychosozialen Belastungsfaktor dar, zumal lesbische Frauen, in der Gegenüberstellung zu schwulen Männern, oftmals über weniger Einkommen verfügen. Die ungleiche Verteilung von finanziellen Ressourcen sowie die damit einhergehenden Sorgen werden von den Besucher*innen des queeren Senior*innencafés häufig besprochen. Geringe Finanzmittel tragen zum Ausschluss von gesellschaftlicher Teilhabe bei, beispielsweise im Rahmen eines queeren Stammtisches, der ausschließlich in einem Restaurant stattfindet.

Das queere Senior*innencafé wurde damals auch von Sophie besucht, einer 74-jährigen trans* Frau, die durch ihre Immobilität mittlerweile kaum noch die Wohnung verlässt. Abgesehen davon konnte sich Sophie erst mit Anfang sechzig outen und lebt ihre wahre Identität überwiegend in geschützten Settings aus, denn auch sie erfuhr Hass und Gewalt aufgrund ihrer Transidentität. Aktuell empfindet Sophie einen großen Leidensdruck, zukünftig in einer Pflegeeinrichtung leben und all ihre liebgewonnenen Kleidungsstücke zurücklassen zu müssen.

Flucht in die Unsichtbarkeit

In Begleitungen und Gruppenangeboten begegnet mir eine Vielzahl von queeren Personen, die

> *Eine Vielzahl von queeren Personen retten sich im höheren Alter vermeintlich in die Coping-Strategie »Unsichtbarkeit«, um dem Stressfaktor der Diskriminierung zu entfliehen.*

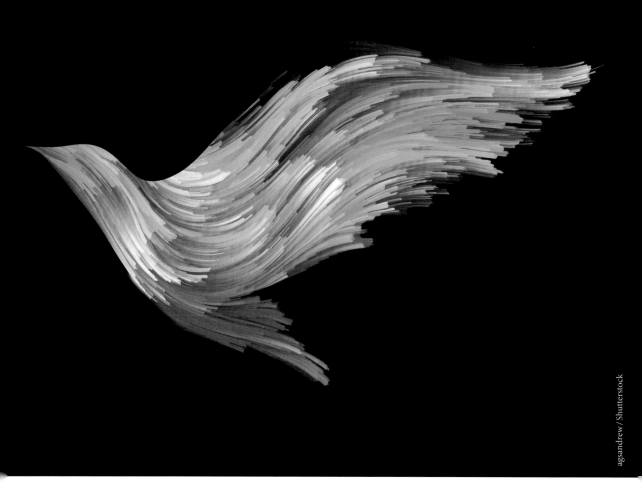

agsandrew / Shutterstock

sich im höheren Alter vermeintlich in die Coping-Strategie »Unsichtbarkeit« retten, um dem Stressfaktor der Diskriminierung zu entfliehen. Allerdings verlagert sich hierdurch nur die Art und Weise des Stresses, denn soziale Isolation, Einsamkeit und das Verstecken der eigenen Identität belasten die Seele immens.

Menschen, welche durch die genannten Parameter von der gesellschaftlichen Teilhabe ausgeschlossen sind, geraten in die Unsichtbarkeit. Für queere Menschen kann der Weg hin zur Unsichtbarkeit kürzer sein, da ihnen weniger spezifische Begegnungsräume (Safer Spaces) zur Verfügung stehen, in Entsprechung zu den Möglichkeiten der Mehrheitsgesellschaft. Zudem stellt die Angst vor Diskriminierungs- und Gewalterlebnissen eine schwerwiegende Barriere dar.

Gesamtgesellschaftliche Verantwortung

Die deutsche Bundesregierung machte es sich im Koalitionsvertrag zur Aufgabe, das Einsamkeitserleben von Senior*innen zu minimieren. Hierzu sollen Strategien, Projekte und neue Wohnformen aktiv gefördert werden im Sinne der Solidargemeinschaft. Queere Interessenverbände weisen darauf hin, dass queere Senior*innen spezifische Safer Spaces sowie queersensible Beratung und Pflege benötigen, um angstfrei in unserer Gesellschaft leben zu können. Demnach ist es Aufgabe der politischen Entscheidungsträger*innen, diese Personengruppe, beispielsweise in der Formulierung von Projektförderungen, mitzudenken und zu benennen. Darüber hinaus schafft die Öffentlichkeitsarbeit der Interessenverbände ein gesamtgesellschaftliches Bewusstsein für die Lebensrealitäten von queeren Senior*innen und den Umstand, dass queere Menschen der Nachkriegsgeneration nun vermehrt in Pflegeeinrichtungen leben und leben werden.

Gleichzeitig ist es Aufgabe der queeren Community, ihre Senior*innen proaktiv einzubinden, Ressourcen sowie Selbstwirksamkeit zu stärken, vorhandene Kompetenzen zu fördern und Verbundensein zu schaffen. In diesem Zusammenhang ist es wichtig, sich erneut bewusstzumachen, welche psychoemotionalen Langzeitfolgen sich durch Einsamkeitserleben entwickeln können. Einsamkeitserleben kann ein gewichtiger Faktor bei der Entstehung einer depressiven Erkrankung sein und somit auch die Wahrscheinlichkeit für Suizidalität erhöhen. Demnach bedarf es einer gesellschaftlichen Sensibilität für Suizidprävention. Gelebtes Verbundensein und authentisches Interesse am Gegenüber sind Teil der Suizidprävention. Im Jahr 2022 wurden in den Altersgruppen der 65- bis 89-Jährigen insgesamt 3805 Suizide dokumentiert, dies entspricht rund zehn verstorbenen Senior*innen pro Tag – der Anteil von queeren Menschen wurde hierbei nicht erfasst.

Beispiele für Präventionsmaßnahmen in der queeren Community

- Quartiersarbeit initiieren,
- Begegnungsräume schaffen,
- Selbsthilfegruppen/Stammtische anbieten,
- Einbindung von Senior*innen in Ehrenämtern fördern,
- Generationsübergreifende Patenschaften eingehen,
- Telefon-, Besuchs- und Abholdienste einrichten,
- Vernetzung von heteronormativen und queeren Angeboten, um Ressentiments abzubauen und gegenseitiges Verständnis zu fördern,

- Zusammenarbeit mit Fachstellen: zum Beispiel Altern unterm Regenbogen, Bundesinteressenvertretung schwuler Senioren e. V.,
- Sensibilisierungsschulungen für Senior*innenbüros und Pflegestützpunkte durchführen,
- Wohnprojekte entwickeln.

Reflexionsfragen für Begleitende

In der Begleitung von queeren Senior*innen stellen die nachfolgen Fragen ein Angebot zur Selbstreflexion dar. Je klarer und sicherer eine Person mit einem ihr alltagsfremden Thema ist, desto wertschätzender kann die Begegnung gestaltet werden.

Einsamkeit ist die Sehnsucht nach menschlicher Nähe und Berührung, die durch ein solidarisches Miteinander gestillt werden kann.

Selbstreflexion für ehren- und hauptamtliche Fachkräfte:

- Was ist mein erster Impuls, wenn mir queere Menschen oder Themen begegnen?
- Welche Gefühle löst dieser Impuls bei mir aus und wie gehe ich damit um?
- Wie ist mein Kenntnisstand zu queeren Lebensrealitäten?
- Wer kann mir eine unterstützende Austauschperson sein?
- Verfüge ich über eine Netzwerkkarte, die ebenfalls queere Anlaufstellen enthält?

 Alexander Marschner, B. A. Sozialarbeiter/Sozialpädagoge, Social Groupworker, Systemischer Trauerbegleiter (BVT), ist für die AIDS-HILFE Mönchengladbach/ Rheydt e. V. tätig und bietet psychosoziale Beratung, Ambulant Betreutes Wohnen sowie Selbsthilfegruppen für HIV-positive und queere Menschen an. Ehrenamtlich engagiert er sich in einem Trauerangebot für junge Erwachsene.
Kontakt: marschner1991@yahoo.de

Literatur

https://www.bmfsfj.de/bmfsfj/aktuelles/alle-meldungen/gesundheit-miteinander-und-bildung-schuetzen-vor-einsamkeit-im-hohen-alter-192790

https://www.bmfsfj.de/bmfsfj/aktuelles/alle-meldungen/queerfeindliche-hasskriminalitaet-und-gewalt-besser-bekaempfen-227188

https://www.uni-bonn.de/de/universitaet/presse-kommunikation/presseservice/archiv-pressemitteilungen/2016/134-2016#:~:text=Dem%20Hormon%20Oxytocin%20werden%20viele,Dr.

https://www.destatis.de/DE/Themen/Querschnitt/Demografischer-Wandel/Aeltere-Menschen/armutsgefaehrdung.html#:~:text=In%20Deutschland%20sind%20Frauen%-20in,Alter%20wird%20der%20Unterschied%20gr%C3-%B6%C3%9Fer.

https://www.destatis.de/DE/Themen/Gesellschaft-Umwelt/Gesundheit/Todesursachen/Tabellen/sterbefaelle-suizid-erwachsene-kinder.html

https://www.deutsche-depressionshilfe.de/forschungszentrum/deutschland-barometer-depression/einsamkeit

https://www.alternuntermregenbogen.de/

https://schwuleundalter.de/

Anmerkung

1 Die verwendeten Vornamen wurden verändert.

(Gem-)einsames Leben im Netz
Chancen und Risiken des Internets

Julia Kunz

Ein Leben ohne Smartphone und digitale Geräte mag wie ein gewagtes Experiment erscheinen, das besonders junge Menschen an den Rand der Verzweiflung treiben könnte. Statt bequem auf das Smartphone zurückzugreifen, um sich in einer neuen Umgebung zu orientieren, müsste plötzlich auf die altmodische Methode des Kartenlesens zurückgegriffen werden. Die Verwaltung des eigenen Bankkontos würde einen physischen Besuch in der Bank erfordern, anstatt einfach eine App zu öffnen. Die Kommunikation über Plattformen wie WhatsApp würde komplett aus dem Alltag verschwinden. Für viele Menschen ist das allerdings nach wie vor Alltag: Es sind vor allem über 70-jährige Menschen, von denen etwa ein Viertel das Internet gar nicht nutzt (ARD/ZDF 2023). Die Gründe dafür sind vielfältig, oft liegt es an fehlenden Kompetenzen und Antworten bei Fragen zur Nutzung, aber auch Angst und Überforderung können eine Rolle spielen. Dabei geht es bei digitaler Teilhabe auch um gesellschaftliche Teilhabe. Ein Beispiel hierfür ist die Familien-WhatsApp-Gruppe, in der Erlebnisse und Fotos ausgetauscht werden und die Kontakt miteinander ermöglicht.

Digital mit anderen in Kontakt zu bleiben kann ein Weg aus der Einsamkeit sein, was vor allem im Zuge der Covid-19-Pandemie deutlich wurde. Nicht nur Kinder, Jugendliche und Berufstätige nutzten in dieser Zeit verstärkt Soziale Medien, auch viele ältere Nutzer:innen wandten sich den Plattformen zu. Daraus entstanden zwei Phänomene: Einerseits fühlten sich Personen durch die Nutzung von Sozialen Medien weniger einsam, andererseits konnte auch genau das Gegenteil passieren: Menschen fühlten sich ein-samer, weil sie den Eindruck hatten, dass es anderen besser gehe (Hajek, Riedel-Heller und König 2023). Beide Phänomene existierten gleichzeitig, wenngleich die positiven Effekte der Mediennutzung überwiegen.

Damit die Menschen von der Mediennutzung profitieren können, müssen ein Bewusstsein und ein Wissen über mögliche Stolperfallen bis hin zu tatsächlichen Gefahren vorhanden sein. Dieser Beitrag beleuchtet die zentralen Aspekte der Internetnutzung und geht auf mögliche Motive in der Nutzung sowie Chancen und Risiken ein.

Digitale Medien als alltägliche Begleiter

Digitale Medien gehören für Kinder, Jugendliche und viele Erwachsene zum ganz normalen Alltag. Schon lange dominiert die Perspektive, sie als Teil eines Medienrepertoires zu betrachten, die ihnen bei der Bewältigung von Alltags- und Entwicklungsaufgaben helfen.

Entwicklungsaufgaben sind nach Robert J. Havighurst (vgl. Löbl 2016) altersspezifische Themen, mit denen Menschen im Laufe ihres Lebens konfrontiert sind. In der Pubertät sind dies beispielsweise die Ablösung vom Elternhaus und die Zuwendung zur Peergroup, das Finden der eigenen (Geschlechts-)Identität und die Entwicklung einer Berufsperspektive. Um diese Aufgaben zu bewältigen, bedienen sich Jugendliche auch den Angeboten aus digitalen Medien (vgl. Schmidt, Paus-Hasebrink und Hasebrink 2009): So treten sie einem Sozialen Online-Netzwerk wie Instagram oder TikTok bei, legen ein Profil mit Fotos und Informationen zu sich an (Identitätsmanagement) und vernetzen sich mit anderen (Bezie-

Leidfaden, Heft 3 / 2024, S. 42–45, ISSN (Printausgabe): 2192-1202, ISSN (online): 2196-8217, © 2024 Vandenhoeck & Ruprecht

hungsmanagement). Nebenbei informieren sie sich über Berufsbilder und Jobaussichten online (Informationsmanagement).

Als die drei Kernbereiche der Internetnutzung lassen sich folgende Bedürfnisse identifizieren:

- Kommunikation: zum Beispiel Instant Messenger wie WhatsApp, Austauschforen, Dating-Plattformen;
- Information: zum Beispiel Online-Enzyklopädien wie Wikipedia, Nachrichtenseiten, Gesundheitsplattformen;
- Unterhaltung: zum Beispiel Videos, Filme und Serien, Radiosendungen und Podcasts, Spiele.

Jeder Mensch bedient sich aus jenen Angeboten und Plattformen des Internets, die für ihn/sie individuell »Sinn« ergeben. Daraus ergibt sich ein individuelles Medienrepertoire.

Während es im Erwachsenenalter um die Gründung einer Familie, Kindererziehung und die Berufstätigkeit geht, ist das späte Erwachsenenalter geprägt davon, neue Rollen und Aufgaben für sich zu finden (zum Beispiel die Großelternrolle), die Anpassung an den Ruhestand und die Auseinandersetzung mit dem alternden Körper zu ermöglichen (Gesundheitsfragen). Auch diese Herausforderungen lassen sich mithilfe der Angebote des Internets bewältigen – aber nur, wenn man zu jenen Personen gehört, die sich »fit genug« fühlen, um das Internet zu nutzen. Für eine selbstbestimmte und kompetente Internetnutzung ist es sinnvoll, sich mit möglichen Gefahren auseinanderzusetzen.

Gefahren und Herausforderungen der Nutzung

Die Gefahren reichen von Datenmissbrauch über Abhängigkeit von digitalen Plattformen bis hin zu sozialen Auswirkungen auf persönliche Beziehungen. Insbesondere einsame Menschen sind oft sehr empfänglich für scheinbare Beziehungsan-

gebote im Internet. Die Kontaktaufnahme kann über E-Mails, Chatforen oder auch Instant Messenger wie WhatsApp stattfinden und meist sind sie sehr professionell gestaltet. Die Gefahr, auf Betrug hereinzufallen, ist groß. In der Fachsprache nennt sich dieses Internetphänomen »Lovescam« (Liebesbetrug). Es ist eine moderne Form des »Heiratsschwindels« mit dem Ziel, finanzielle Zuwendungen zu erhalten.

Abbildung 1: So kann ein Kontaktaufbau in WhatsApp aussehen (Quelle: Kunz 2024, eigene Darstellung)

Wichtig: Ignorieren oder löschen Sie den Kommentar und schicken Sie auf keinen Fall eine Freundschaftsanfrage!

Warum will die Person, dass man ihr eine Freundschaftsanfrage sendet?

Mit einer Freundschaftsanfrage kann sich das persönliche Profil mit anderen verbinden, wodurch zuvor private Inhalte wie Profilinformationen zu Namen, Ort oder Fotos für die Person sichtbar werden.

Wie kann man sich davor schützen?

Grundsätzlich gilt es, skeptisch zu sein, wenn von fremden Personen eine persönliche Nachricht kommt. Es ist empfehlenswert, das Profil der Person zu prüfen oder den Namen der Person im Internet zu suchen. Die umgekehrte Bildersuche in Google kann hierbei sehr nützlich sein, wenn man ein Foto hat.

Wichtig ist es, keine Freundschaftsanfrage zu senden, keine Links anzuklicken, die man nicht kennt, und keine persönliche Informationen und Daten (zum Beispiel Geburtsdatum, Wohnort) zu senden. Niemals sollte aufgrund von Nachrichten Geld überwiesen werden – auch nicht, wenn es sich um scheinbar verunglückte Kinder oder Enkel handelt (»Enkeltrick«).

Sogenannte »Scam-Fabriken«, in denen diese Art von Betrug erstellt und am Laufen gehalten wird, liegen oftmals in Südostasien und sind Teil von organisierter Kriminalität. Für die örtliche

Polizei ist es schwer, dagegen vorzugehen. Dennoch ist eine Anzeige bei einer Polizeidienststelle sinnvoll, um den Betrug aufzudecken und darauf aufmerksam zu machen.

Neben dieser Form von schwerem Internetbetrug mit zum Teil beträchtlichen Folgen für die Betroffenen gibt es auch andere Herausforderungen, die milder und dennoch überfordernd sein können. Die ständige Erreichbarkeit kann zu Stress und Überlastung führen, während die Manipulation von Informationen im digitalen Raum Desinformation und Fake News erzeugen kann. Dies kann wiederum falsche Schlussfolgerungen und Manipulation der eigenen Meinung zur Folge haben. Die Herausforderung besteht darin, die positiven Aspekte der Mediennutzung zu maximieren und gleichzeitig die Risiken zu minimieren.

Die Lösung: Medienkompetenz stärken

Die Medienkompetenz nach Dieter Baacke (1997) ist ein wichtiger Ansatz, um derartigen Überforderungen entgegenzuwirken. Medienkompetenz umfasst nicht nur die technische Fertigkeit im Umgang mit Medien, sondern auch die Fähigkeit, Medien kritisch zu hinterfragen, Informationen zu bewerten und verantwortungsbewusst zu handeln. Baackes Konzept betont die Notwendigkeit, Menschen zu befähigen, Medien aktiv und selbstbestimmt zu nutzen.

In einer Welt, in der die Mediennutzung unaufhaltsam zunimmt, ist die Förderung von Medienkompetenz von entscheidender Bedeutung. Sie ermöglicht den Individuen, die Chancen der Mediennutzung zu nutzen, während sie sich gleichzeitig der potenziellen Gefahren bewusst sind und in der Lage sind, diese zu bewältigen. Initiativen zur Steigerung der digitalen Kompetenz – sowohl von Kindern, Jugendlichen als auch deren Erziehungsberechtigten, von pädagogischen Fachkräften und Senior:innen – kommt eine besondere Bedeutung zu. Je nach Bundesland gibt es unterschiedliche Angebote (Online- oder Prä-

senzkurse, Informationen und anderes mehr) – erste Online-Anlaufstellen sind *Saferinternet.at* (www.saferinternet.at) insbesondere für Kinder, Jugendliche und Erziehungsberechtigte und *Digitale Senior:innen* (www.digitaleseniorinnen.at).

Oft reicht es schon, den »gesunden Hausverstand« einzuschalten und sich zu fragen, ob man einer Person, die vor der Tür steht, ebenso viele persönliche Informationen geben würde, wie sie im Internet geteilt werden. Der vermeintlich vertrauensvolle Austausch verleitet vor allem einsame und bedürftige Menschen zu persönlicher Offenheit.

Dass der Austausch auch gelingen kann, zeigen Online-Angebote mit Schwerpunkt Hilfe und Beratung, wie zum Beispiel das Kompetenznetz Einsamkeit in Deutschland (www.kompetenznetz-einsamkeit.de) oder das Plaudernetz in Österreich (www.plaudernetz.at), wo sich Gleichgesinnte online treffen und austauschen können.

Julia Kunz MA ist Psychotherapeutin in Ausbildung unter Supervision (Tiefenpsychologische Transaktionsanalyse) mit einer Praxis in Wien und setzt sich als Saferinternet.at-Trainerin mit Kindern, Jugendlichen, Erziehungsberechtigten und Pädagog:innen in Workshops und Vorträgen mit dem sicheren, kompetenten und verantwortungsvollen Umgang mit digitalen Medien auseinander.

Kontakt: praxis@julia-kunz.at
Website: www.julia-kunz.at

Literatur

ARD/ZDF Forschungskommission (2023). ARD/ZDF-Onlinestudie 2023. Grundlagenstudie. www.ard-zdf-onlinestudie.de/files/2023/ARD_ZDF_Onlinestudie_2023_Publikationscharts.pdf (03.03.2024).
Baacke, D. (1997). Medienpädagogik. Berlin/Boston.
Hajek, A.; Riedel-Heller, S. G.; König, H.-H. (2023). Loneliness and social isolation in old age, correlates and implications. London.
Löbl, K. (2016). Entwicklungsaufgaben in Kindheit und Jugend nach Robert J. Havighurst. München.
Schmidt, J.-H.; Paus-Hasebrink, I.; Hasebrink, U. (2009). Heranwachsen mit dem Social Web. Zur Rolle von Web 2.0-Angeboten im Alltag von Jugendlichen und jungen Erwachsenen. Berlin.

Beratung und weitere Infos

www.saferinternet.at
www.digitaleseniorinnen.at
www.watchlistinternet.at

»Selbst die Gefühle sind unbekannt«

Einsamkeit in der Migration

Mary Kreutzer

Wenn Menschen ihre Heimat verlassen und in einem völlig neuen Land Fuß fassen müssen, gilt es für sie, in einem langen Kraftakt diverse Hürden zu bewältigen. Zurück bleiben Freunde, Familie, sozialer Status, ein Heim, Sprache, Schrift, oft sogar ein besseres Einkommen und eine kulturelle Umgebung, in der man sich orientieren kann. In Österreich angekommen stehen Aufenthaltstitel, Deutsch, Ausbildung, Job, Beziehungen, Wohnung und Familienzusammenführung auf einer schier unbewältigbar wirkenden Liste an Prioritäten. Hinzu kommen häufig gesundheitliche Herausforderungen. Das Gefühl der Einsamkeit kann diese Probleme verstärken.

Sind Menschen mit Flucht- und Migrationshintergrund (noch) einsamer als der Rest der Bevölkerung? Viele Studien sagen: ja. Zuletzt und sehr eindrücklich belegt durch eine Befragung mit einer Teilnehmer*innenzahl von 121.835 in 26 Ländern Europas (Delaruelle 2023).

Eib! Schande!

Das Thema »Einsamkeit« ist schambehaftet, was Zain Salam Assaad, frei*e Journalist*in und Übersetzer*in, insbesondere für die Themen LSBTIQ*-Rechte und Migration, in einem Text mit der Frage »Sind alle Migrant*innen so einsam wie ich?« anspricht:

> »(Alle) verstecken (…) ihre Einsamkeit, obwohl sie für alle sichtbar ist (…), weil alle das selbst erleben und verdrängen. Man schaut weg von sich, wenn man überleben will, sagte meine Oma. Es ist ›Eib‹, das zu behaupten, wenn du fest mit beiden Beinen im Leben stehst« (Asaad 2023).

Für diesen Artikel führte ich im Herbst/Winter 2023/2024 zehn Interviews in Kärnten und Wien mit Menschen mit Flucht- oder Migrationshintergrund sowie mit Betreuer*innen, Klinischen Psycholog*innen und Leiter*innen von vier verschiedenen Caritas-Wien-Einrichtungen

Leidfaden, Heft 3 / 2024, S. 46–50, ISSN (Printausgabe): 2192-1202, ISSN (online): 2196-8217, © 2024 Vandenhoeck & Ruprecht

Raggedstone / Shutterstock

»Einsamkeit ist für mich ein Gefühl der Isolation. Isolation in der Arbeit, in der U-Bahn oder im Bus. Die Gesichter sind unbekannt, die Sprache ist unbekannt. Selbst die Gefühle sind unbekannt. Es ist ein Mangel an emotionalen Bindungen zu anderen Menschen, wenn man hier neu ankommt.«

(Grundversorgungsquartiere, Mobiles Interventionsteam – MIT, Dora – Mobil Betreutes Wohnen, Leitungsteam Asyl und Integration der Caritas Wien). Die Interviewpartner*innen werden aufgrund des heiklen Themas anonymisiert. M* gehört der unterdrückten uigurischen Minderheit in China an. Sie musste vor 15 Jahren Xinjiang überstürzt und allein verlassen, weil sie in ihrem Job bei der Post Briefe uigurischer Intellektueller an der chinesischen Zensur vorbeischleuste. Darauf ist sie bis heute stolz, auch wenn der Preis dafür unter anderem die Einsamkeit des Exils bedeutet:

> »Einsamkeit ist für mich ein Gefühl der Isolation. Isolation in der Arbeit, in der U-Bahn oder im Bus. Zum Beispiel ist der Bus voll, aber du fühlst dich absolut einsam. Die Gesichter sind unbekannt, die Sprache ist unbekannt. Selbst die Gefühle sind unbekannt. Es ist ein Mangel an emotionalen Bindungen zu anderen Menschen, wenn man hier neu ankommt. Das Emotionale hat viele Aspekte, oft sind es kleine Details, aber wenn man sie nicht ausdrücken kann, weil die Sprache dazu fehlt, dann erzeugt das Einsamkeit.«

Dieses Gefühl war neu für sie: »Zu Hause war ich nie einsam. Man kann sagen, eher das Gegenteil, denn es ist bei uns alles sehr eng und sehr belebt. Bei uns geht man jeden Tag in die Disko, also die jungen Leute. Das ist ganz wichtig dort, um zu sozialisieren. Hier nicht, hier geht man höchstens ein Mal pro Woche weg.«

Geld für Freizeitaktivitäten

Nicht nur die neue Sprache und Schrift, sondern auch die Versäumnisse der österreichischen Integrationspolitik machten es der Uigurin schwer:

> »In der Zinnergasse haben sie uns alle eingepfercht: nur Ausländer! Und sogar die leben je nach Herkunftsland oder Ethnie segregiert.

Sabine Gösker

*Die Somalis da, die Araber dort. Monate-
lang keine Möglichkeit, mit irgendjemandem
Deutsch zu sprechen.«*

Um die Staatsbürgerschaft so rasch wie möglich
zu erlangen, erlaubte sie sich kein Studium und
hat sofort nach Asylanerkennung zu arbeiten be-
gonnen. Österreicherin wurde sie trotzdem erst
vor kurzem, das Studium nun in weiter Ferne,
die Ausbildung zur Pflegeassistentin bald abge-
schlossen.

Geld sei unverzichtbar, wenn man als »Neue«
dazugehören will. *»Das kostet alles!«* Sie hatte ihr
Fitnessstudio wieder gekündigt, um ihre Rund-
funkgebühren zahlen zu können:

*»Das war so schade, denn ich hatte im Studio
schon ein paar Leute kennengelernt, ich
konnte mit ihnen zumindest Smalltalk
machen, das war sehr schön und motivierend
für mich. Aber ich konnte es mir nicht mehr
leisten.«*

Die Einsamkeit kam wie ein Koma, ganz plötzlich

In einer Kärntner Kleinstadt treffe ich D*, 27 Jahre
alt, zwei Kinder, nach langem Kampf endlich geschieden. Sie kommt aus dem irakischen Mosul,
jener Stadt, die der sogenannte Islamische Staat
von 2014 bis 2017 beherrschte. Nach sechs langen
Jahren im Asylverfahren erhielt sie kürzlich Paragraf 8, also das »kleine Asyl«. Im Gespräch ist D*
hin und her gerissen von den schönen Erinnerungen an den Zusammenhalt zu Hause und der
Vorstellung, dass jetzt alles besser sei, weil ihre
Kinder die Möglichkeit für ein gutes Leben und
Bildung haben. Außerdem habe die mit 16 verhei-
ratete Frau sich nur hier scheiden lassen können.

*»Ich hatte eine große Familie im Irak, wir
sind sechs Geschwister. Die Einsamkeit kam
in Österreich über mich, es war wie ein Koma,
ganz plötzlich. Ganz schlimm war es immer*

*an Festtagen wie Bayram oder bei Familien-
festen. Nicht bei meiner Familie zu sein, hat
mich immer einsam gemacht.«*

Auch wenn sie das Kopftuch in Österreich abge-
legt habe, ist Religion für sie ein wichtiger Anker-
punkt in ihrem Leben. Der Islam gibt ihr Halt,
Kraft und Hoffnung auf eine sichere Zukunft.

Freunde und Genoss*innen

*»Die erste und die einzige Einsamkeit, die ich
je verspürt habe, ist die Krankheit.«*

Das behauptet A*, der vor 42 Jahren wegen seiner österreichischen Frau nach Wien kam. Das
Paar hat hier zwei gemeinsame Kinder. Sie habe
sich in Tunesien einsam gefühlt, weil sie weder
Französisch noch Arabisch sprach. Heute ist A*
aufgrund verschiedener Krankheiten und eines
Unfalls in Frühpension, geschieden, aber nicht
einsam, wie er wiederholt betont. Der Moment
der Krankheit stelle jedoch vieles auf die Probe:

*»Meine Freunde kommen oft. Ein paar sind
Taxifahrer, sie kommen vorbei und bringen
mir was, auch wenn zu Hause gekocht wurde.
Deshalb hatte ich nie Einsamkeit, wegen meiner Freunde. Die sind wichtiger als Familie.«*

S* hat es hingegen nicht aufgrund einer Liebe
nach Wien verschlagen. Sie verbrachte einen
Großteil ihres Lebens als kurdische Widerstands-
kämpferin gegen das türkische Regime, als Kom-
mandantin einer Einheit »in den Bergen«, also
im bewaffneten Widerstand. Dort habe sie sich
nie einsam gefühlt, auch wenn viele Genoss*innen ermordet wurden und die Trauer über diesen Verlust groß und sehr präsent ist. In Österreich erhielt sie Asyl, später die Staatsbürgerschaft.
Heute ist sie eine bekannte Sängerin. Ihre größte Einsamkeit erlebte sie, als ihre Partei sie aus-
schloss, weil sie nicht gleichzeitig singen und Mit-
glied sein durfte.

*»Ich hatte damals nur einen Rucksack, sonst
nichts. Ich war 38 Jahre alt. Es war schlimm.
Ich hatte niemanden mehr.«*

Z*, eine andere ehemalige kurdische Guerillakämpferin aus dem Irak, die für eine irakisch-kurdische Partei »in den Bergen« war, wurde von ihrer Partei nie ausgeschlossen. In ihrem Fall lösten sich die Aktivitäten ihrer Genoss*innen in Wien nach dem Ende der Befreiung Irakisch-Kurdistans einfach langsam auf. Einsam will sie sich in Österreich trotzdem nie gefühlt haben:

*»Ja, ich war müde, erschöpft, traurig.
Aber ich war seelisch stark, und ich war
immer beschäftigt.«*

Sehnsucht nach Beziehung und Liebe

In den Interviews mit meinen Kolleg*innen, die in der Betreuung und Beratung von Asylwerbenden arbeiten, kommt oft beim Thema »Einsamkeit« als erstes Beispiel: die jungen Burschen aus Afghanistan, Iran und Irak, die oft ohne Familien flüchten mussten und unter großer Einsamkeit und Isolation leiden. Eine Kollegin berichtet:

*»Ich denke grad an einen 20-Jährigen:
Er würde so gerne eine Freundin, eine Liebesbeziehung haben, aber das ist extrem schwer
für ihn. Das ist schon ein großes Thema bei
den jungen Männern, diese Sehnsucht.«*

Die Einsamkeit schlage allerdings erst dann mit voller Wucht zu, wenn sie schließlich Asyl bekommen und dann trotz Aufenthaltstitel merken, dass sie noch nicht in der Gesellschaft angekommen sind.

Eine weitere Kollegin, die seit vielen Jahren in der Betreuung tätig ist, betont die Einsamkeit jener, die mit der sogenannten »Community« nichts zu tun haben wollen, sich dort stark kontrolliert und drangsaliert fühlen – aber zur hiesigen Gesellschaft auch keine Kontakte haben.

*»Ich denk an die die afghanische Frau, die
gemobbt wird, weil sie das Kopftuch ablegte.
Ich denke an die Somalierin, die ebenfalls
gemobbt wird, weil sie einen Fahrradkurs
belegt hat. Und meine afghanischen Jungs,
auch die wollen bei der Community nicht
anecken. Das isoliert sie noch mehr.«*

Trotz vieler innovativer und erprobter Ansätze zur Verminderung von Einsamkeit und Isolation fehlt es an langfristig finanzierten Peer-, Dialog- und Buddyprojekten, die einen Vertrauensaufbau und eine gute Vernetzung in der österreichischen Gesellschaft ermöglichen.

So unterschiedlich die Biografien von Migrant*innen und Flüchtlingen in Österreich sind, so unterschiedlich ist auch ihr persönliches Einsamkeitsempfinden. Communitys, religiöse oder politische Gruppierungen können Einsamkeit überwinden helfen, allerdings auch ausgrenzen. Nicht immer findet sich eine neue Heimat.

Mary Kreutzer, Jahrgang 1970, migrierte als Kind nach Guatemala und als Jugendliche zurück nach Österreich. Die erlebte Einsamkeit bei dieser zweiten Migration, ausgelöst durch den Unfalltod des Vaters, prägt ihre Biografie und die Auseinandersetzung mit dem Thema. Sie ist Politikwissenschafterin mit den Schwerpunkten Menschenrechte, Entwicklungspolitik, Migration und Flucht. Sie ist Trägerin des Eduard-Ploier-Radio-Preises der Österreichischen Volksbildung, des Concordia Publizistikpreis es (Kategorie Menschenrechte), des European Award for Excellence in Journalism, Obfrau der Organisation LeEZA. Seit 2009 leitet sie die die Abteilung Missing Link im Fachbereich Asyl und Integration der Caritas Wien.

Kontakt: Mary.Kreutzer@caritas-wien.at

Literatur

Allgäuer, A.; Kreutzer, M. (2020). »Wie im Krieg.« Auswirkungen des Corona-Lockdowns auf Migrant*innen und Geflüchtete in Österreich. In: Schmidinger, T.; Weidenholzer, J. (Hrsg.), Virenregime: Wie die Coronakrise unsere Welt verändert (S. 464–478). Wien.

Assaad, Z. S. (2023). Die Scham hinter meiner Einsamkeit. https://missy-magazine.de/blog/2023/01/31/die-scham-hinter-meiner-einsamkeit.

Delaruelle, K. (2023). Migration-related inequalities in loneliness across age groups: A crossnational comparative study in Europe. In: European Journal of Ageing, 20/35. https://doi.org/10.1007/s10433-023-00782-x.

Potenziale im Umgang mit EINSAMKEIT
Gestaltung des Zusammen-WOHNENs und Zusammen-LEBENs

Johannes Gorbach

Die Anzahl an Single-Haushalten steigt weiter, berichten seit einigen Jahren verschiedenste Medien im deutschsprachigen Raum. Häufig wird dabei eine nicht von der Hand zu weisende Verbindung zum Themenkomplex soziale Isolation und Einsamkeit hergestellt. Bei genauerer Betrachtung ist es notwendig, unterschiedliche gesellschaftliche Phänomene zu differenzieren und verschiedene Begrifflichkeiten voneinander abzugrenzen. *Alleinsein,* was den neutralen Zustand des physischen Getrenntseins von anderen Menschen beschreibt, ist nicht gleichzusetzen mit *Einsamsein.* Allein zu wohnen mag also die Zeit des Alleinseins im Alltag potenziell erhöhen, muss jedoch nicht zwangsläufig mit Gefühlen der Einsamkeit einhergehen.

Während Alleinsein teilweise auch gewollt sein kann, wenn wir uns beispielsweise freiwillig zurückziehen, bezeichnet Einsamkeit einen subjektiv wahrgenommenen Zustand, den wir als negativ oder sogar schmerzhaft bewerten (Luhmann 2022). Einsamkeit in ihren unterschiedlichen Formen wird als Abwesenheit von bedeutsamen und erwünschten Sozialkontakten empfunden. Teilweise unabhängig von den tatsächlich vorhandenen Kontakten und Beziehungen wird sie als ein gefühlter Mangel an Beziehungen, Beziehungsqualität oder Zugehörigkeit wahrgenommen. Diese Gefühlslagen können auch auftreten, wenn wir nicht allein, sondern unter Menschen sind, mit denen wir uns aber nicht verbunden fühlen. Somit kann ein Zusammen-Wohnen noch nicht als ein (gelingendes) Zusammen-Leben betrachtet werden.

Allein der Blick auf die Wohnform reicht nicht aus, denn Einsamkeit ist von außen für andere nicht direkt wahrnehmbar und kann auch nicht »diagnostiziert« werden. Um einen objektiv feststellbaren Mangel an sozialen Beziehungen und Kontakten zu beschreiben, wird deshalb meist der Begriff der sozialen Isolation verwendet. Dieser Zustand bezieht sich auf die Anzahl von Freundschaften, die Größe des sozialen Netzwerks oder die Häufigkeit von Interaktionen mit anderen. Phasen der sozialen Isolation müssen dabei nicht zwangsläufig mit negativen Empfindungen einhergehen, wenn Menschen nicht unter dem unfreiwilligen Alleinsein leiden. Da unser Bedürfnis nach zwischenmenschlichem Kontakt aber tief in unserer Biologie als soziale Wesen verankert ist, stellt Isolation einen Risikofaktor für Einsamkeit dar, der bei der Gestaltung unseres Zusammenlebens nicht zu vernachlässigen ist.

Entscheidend für den Umgang mit Einsamkeit: Umbruchphasen im Lebensverlauf

Eine Veränderung des Wohnorts oder der Wohnform verändert meist auch das soziale Umfeld. Diese sozialräumlichen Veränderungen können entscheidende Umbrüche darstellen, in denen das Risiko für Isolation und Einsamkeit besonders steigen kann. Während beispielsweise der berufs- oder ausbildungsbedingte Umzug an einen neuen Ort mit Vorfreude, Anspannung oder Nervosität verbunden sein kann, können fluchtbedingte Migrationserfahrungen oder ein Wechsel der Wohnform durch Pflegebedarf mit Krisen oder Trauer einhergehen. Einsamkeit weist dabei vielfältige Wechselwirkungen mit anderen belastenden Erfahrungen auf, wodurch sich das Leiden unter

multifaktoriellen Problemlagen verstärken kann. Fühlen wir uns in herausfordernden Lebenssituation alleingelassen, scheinen diese Phasen besonders schwierig zu bewältigen.

Grundsätzlich kann Einsamkeit als eine vorübergehende Erfahrung, die so gut wie alle Menschen im Lebensverlauf machen, sogar motivieren, wieder in Kontakt mit anderen zu treten. Gelingt dies allerdings wiederholt nicht, verstetigt sich die Einsamkeit zu einem langanhaltenden Leiden. Dann hat sie nicht nur individuell dramatische Folgen, sondern auch für unser gesellschaftliches Zusammenleben auf mehreren Ebenen (Bücker 2022): Anhaltende Einsamkeit beeinträchtigt den physischen und psychischen Gesundheitszustand und erhöht sogar das Mortalitätsrisiko. Mentale Folgen wie Pessimismus und sinkende Selbstwirksamkeitsüberzeugungen verstärken eine Abwärtsspirale, die zu immer weiterem Rückzug in die Isolation führen

kann. Einsamkeit kann dabei mit Entfremdungsrisiken bezüglich des eigenen Wohnumfelds oder sinkendem Zugehörigkeitsgefühl zur Nachbarschaft zusammenhängen. Zu den gesamtgesellschaftlichen Folgen für das Gesundheitssystem und die Volkswirtschaft kommt auch sinkendes Vertrauen gegenüber anderen Menschen oder der Gesellschaft als Ganzes hinzu, was demokratiepolitisch problematisch ist.

Je länger Einsamkeit anhält, umso schwerer gelingt der Übergang hin zu neuen Kontakten, zum Wieder-in-Kontakt-Treten, zu einem tragenden Beziehungsnetz und gelingender Gesellschaft. Wie andere Phasen der Krise, des Leids oder der Trauer können aber auch Einsamkeitserfahrungen mögliche Übergangsphasen zu etwas Neuem, Anderem oder letztendlich auch Positivem darstellen. Wichtig erscheint dabei allerdings eine gewisse Sensibilität für Übergangsphasen im Lebensverlauf, die ein besonderes Einsamkeitsrisiko bergen.

prastiwi / Adobe Stock

Denn nur durch gemeinschaftliche Bemühungen in unserem Zusammenleben kann die möglichst selbstbestimmte Gestaltung dieser Umbrüche gelingen beziehungsweise durch die Unterstützung anderer, die eine solche Phase durchleben.

Gestaltungspotenziale auf mehreren Ebenen unseres Zusammen-LEBENs und Zusammen-WOHNENs

Auf *gesamtgesellschaftlicher Ebene* tragen wir gemeinsam Verantwortung dafür, dass das Leiden unter Einsamkeit nicht als individuelles Versagen verstanden wird, sondern die Ursachen meist in unzureichender Unterstützung in (häufig nicht selbst gewählten) Umbruchphasen zu finden sind. Wir können alle dazu beitragen, in der Gestaltung des öffentlichen, medialen und politischen Diskurses Einsamkeitserfahrungen zu enttabuisieren, und offen darüber sprechen.

Zusammenleben kann nur gelingen, indem wir auch diesem schmerzvollen Erleben Raum geben und Menschen zuhören, warum sie sich einsam fühlen und gesellschaftliche Teilhabemöglichkeiten in bestimmten Lebensphasen fehlen. Je besser Einsamkeit als eine uns alle betreffende Querschnittsmaterie verstanden wird, umso eher können entsprechende Maßnahmen im politischen Mehrebenensystem, vergleichbar mit dem »Health in All Policies«-Ansatz, ergriffen werden.

Der *kommunalen Ebene* kommt dabei eine besondere Rolle zu, da sowohl kleinräumige Stadt- und Raum- als auch Wohnbau- und Sozialplanung Ermöglichungsstrukturen für zwischenmenschliche Kontakte schaffen können. Denn nicht nur leistbares Wohnen und Armutsbekämpfung erweitern gesellschaftliche Teilhabemöglichkeiten in besonders herausfordernden Lebensphasen, sondern auch Gemeinschaftsflächen im (sozialen) Wohnungsbau und die Gestaltung des öffentlichen Raums. Aufenthalts- und Kontaktqualität kann durch konsum- und barrierefreie Räume sowie professionelle und freiwillige Gemeinwesenarbeit gestärkt werden, sodass Isolationsrisiken präventiv reduziert werden. Bei der einsamkeitssensiblen Planung des *Lebenscampus Wolfganggasse in Wien* spielten zum Beispiel intergenerative und gemeinschaftliche Wohnformen sowie Unterstützungsangebote für bestimmte Lebensphasen eine zentrale Rolle. Auch im deutschen Projekt *Lebendige Quartiere – Wege aus der Einsamkeit* steht die gebaute Umwelt als Handlungsebene im Fokus, um mit städtebaulichen Strukturen und der infrastrukturellen Ausstattung Teilhabeangebote zu stärken. Nicht nur auf Ebene eines Stadtteils, sondern gesamtstädtisch setzt das *Netzwerk Gesunde Städte Österreichs* in den letzten Jahren bei der kommunalen Gesundheitsförderung einen Schwerpunkt auf Einsamkeit, um in bestehenden Gesundheits-, Sozial- und Inklusionsangeboten hinsichtlich ihrer Wirkungspotenziale gegen Isolation und Einsamkeit zu sensibilisieren. In der integrierten Unterstützung, Beratung und Prävention gemeindenaher Gesundheitsförderung zeigten sich auch die über hundert Pilotprojekte zu *Community Nursing* in Österreich besonders für ältere und betreuungsbedürftige Personen als erfolgreiche Maßnahme gegen Einsamkeit.

Auf *nachbarschaftlicher Ebene* können Begegnungsräume – besonders für beengte, isolierende oder prekäre Wohnverhältnisse – einen entscheidenden Ausgleich darstellen. Beispielsweise können Jugend- oder Nachbarschaftszentren und Pensionist*innenklubs den sozialräumlichen Möglichkeitsradius erweitern, um neue Kontakte zu erschließen oder bestehende Kontakte zu erweitern. In altersspezifischen Übergangsphasen, von der Kindheit zum Erwachsensein oder vom Familien- beziehungsweise Paar- zum Einpersonenhaushalt, können dadurch auch Angehörigenbeziehungen entlastet werden. Denn gerade in Phasen, in denen private Unterstützungs- oder Beziehungsarbeit beziehungsbestimmend wird, steigt auf Seiten der Betreuten wie Betreuenden das Einsamkeitsrisiko. Professionell organisierte Unterstützungsstrukturen, wie das Projekt *Dorfservice,* können im nachbarschaftlichen Umfeld sowohl Hilfe in Phasen der Isolation oder Einsamkeit als auch Möglichkeiten für freiwilliges Engagement bieten, das selbst durch Sinnstiftung und Selbstwirksamkeitserleben vor Vereinsamung schützen kann. Das 2023 mit dem Gemeinschaftspreis für besonders innovative und nachhaltige Projekte gegen Einsamkeit ausgezeichnete Projekt ermöglicht in 17 Kärntner Gemeinden durch nachbarschaftliche Unterstützung im Alltag ein Füreinander-Dasein, das vor Vereinsamung schützt. So können Menschen durch Fahrtenservice und Begleitung wieder mehr unter Leute kommen, bei Besuchsdiensten werden Kontakte hergestellt oder gepflegt und Wissen über Kontaktmöglichkeiten oder Hilfe in Notsituationen stärken das gemeinschaftliche Zusammenleben – besonders in herausfordernden Lebenssituationen.

Für die *Ebene unseres individuellen Kontaktbedürfnisses* geht es stets um die Gestaltung eines tragfähigen Beziehungsnetzes, das uns bei herausfordernden Phasen und einem Hinabgleiten in ausweglose Einsamkeit Halt geben kann. Erstens, weil in regelmäßigen Kontakten Vereinsamungstendenzen häufig überhaupt erst erkannt werden können und Unterstützung angeboten werden kann. Denn durch Isolation und längere Einsamkeit bauen wir unsere sozialen Fähigkeiten ab und (neu) in Kontakt zu treten wird immer schwieriger. Verbliebene Einzelkontakte, wie das Grüßen der Nachbarin, bieten oft den letzten Zugang, um das soziale Umfeld (wieder) zu erweitern. Zweitens wird in der gemeinsamen Pflege von Beziehungen, die wir als resonant erleben, genau diese Beziehungsfähigkeit präventiv gestärkt, die uns auch in Krisen vor dem langfristigen Leiden unter Einsamkeit schützen kann. Reaktiv zeigt sich auch für verhaltenstherapeutische Interventionen, wie zum Beispiel *Lachtherapie,* signifikante Wirkung gegen anhaltende Einsamkeit. Solche Unterstützungsangebote, die durch Einsamkeit verfestigte negative Wahrnehmungs-, Denk- und Handlungsmuster wieder verändern können, werden beispielsweise auch über *Social Prescribing* an Menschen herangetragen, die unter Einsamkeit leiden. Dieser innovative Ansatz adressiert nichtmedizinische – aber gesundheitsrelevante – Bedürfnisse in der Primärversorgung, wo Einsamkeitsrisiken erkannt und systematisch von Fachkräften mit Link-Working-Funktionen adressiert werden können, um beispielsweise bei einem Wechsel der Wohnform zu unterstützen.

Diese angeführten Beispiele zeigen, wie gestaltbar unsere Wohn- und Lebensverhältnisse sind, die uns krank oder gesund, einsam oder verbunden machen können. So vielfältig Wege in die Einsamkeit und ihre individuellen und gesellschaftlichen Ursachen auch sein mögen, so vielfältig sind auch die Potenziale eines gelingenden Umgangs damit. Auf verschiedenen Ebenen unseres Zusammen-Wohnens und Zusammen-Lebens bestehen bereits bewährte Ansätze und vielversprechende Ideen, wie wir Einsamkeit als menschliche Erfahrung anerkennen, aber langfristiges Leiden darunter gemeinschaftlich verhindern können.

Johannes Gorbach, Studium der Sozialwissenschaften und Sozialraumorientierten Sozialen Arbeit, baute als Teil des Projektleitungsteams der Social City Wien die Plattform gegen Einsamkeit in Österreich mit auf. In seiner Rolle als Scientific Advisor für angewandte Sozialforschung und Wirkungsorientierung der angeschlossenen Social Innovation Research Unit [SIRU] forschte er zu Einsamkeit und weiteren Themen der sozialen Innovation. Derzeit ist er Prozessverantwortlicher für Wirkung und Kund*innenbefragung beim Wiener Hilfswerk sowie Junior Researcher an der FH Campus Wien zu den Themen Partizipation und Stadtentwicklung.

Kontakt: johannes.gorbach@wiener.hilfswerk.at

Literatur

Bücker, S. (2022). Die gesundheitlichen, psychologischen und gesellschaftlichen Folgen von Einsamkeit. KNE Expertise. https://kompetenznetz-einsamkeit.de/download/2879/.

Luhmann, M. (2022). Definitionen und Formen der Einsamkeit. KNE Expertise. https://kompetenznetz-einsamkeit.de/download/2882.

Mehr Information zum Thema

Plattform gegen Einsamkeit in Österreich:
www.plattform-gegen-einsamkeit.at

Kompetenznetz Einsamkeit Deutschland:
www.kompetenznetz-einsamkeit.de

Lebenscampus Wolfganggasse:
www.oejab.at/lebenscampus

Lebendige Quartiere – Wege aus der Einsamkeit:
www.quartier-einsamkeit.de

Netzwerk Gesunde Städte Österreichs:
www.gesundestaedte.at

Community Nursing Österreich:
www.cn-oesterreich.at

Dorfservice, die Kraft aus dem Miteinander:
www.dorfservice.at

Social Prescribing Österreich:
www.goeg.at/socialprescribing

Leben mit einem Kind mit einer schweren chronischen Erkrankung

Erfahrungen aus dem Alltag

Helene Brandstetter

Timur begrüßt mich mit zwei Daumen hoch. Seine Mutter, Frau Umarova[1], freut sich auch. Während eine Kollegin von mir mit Timur musiktherapeutisch arbeitet, können seine Mutter und ich gemeinsam spazieren gehen und reden. Nach drei Schritten an der frischen Luft seufzt sie: »Das tut gut!«

Timur leidet seit seiner Geburt an einer genetischen Erkrankung. Er ist 16 Jahre alt, das sieht man ihm aber nicht an. Kommunizieren kann er mithilfe seiner Körpersprache. Basale Fähigkeiten wie sich allein anziehen, auf die Toilette gehen, selbst essen konnte er nicht erlernen. Seine Familie hilft ihm bei all diesen Tätigkeiten.

Bis vor einem Jahr besuchte er eine heilpädagogische Ganztagsschule. Dann verschlechterte sich sein Zustand, er musste ins Krankenhaus. Frau Umarova verbrachte zwei Wochen mit ihm auf der Intensivstation, letztendlich musste zur Atemunterstützung ein Tracheostoma gelegt werden. Die Mutter lernte die neuen pflegerischen Aufgaben, die das Tracheostoma mit sich brachte. Alle paar Stun-

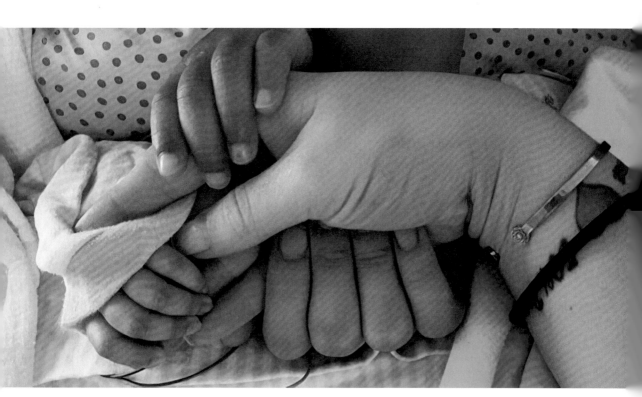

Leidfaden, Heft 3 / 2024, S. 56–60, ISSN (Printausgabe): 2192-1202, ISSN (online): 2196-8217, © 2024 Vandenhoeck & Ruprecht

den muss nun abgesaugt werden, auch nachts. Die Familie war erleichtert, als Timur wieder stabil war und nach Hause durfte. Nur die gewohnte bisherige Tagesstruktur ging verloren.

Es gibt leider wenige Einrichtungen, die Kinder mit so hohem Pflegebedarf betreuen können. Für Frau Umarova bedeutet das zusätzlich zu den schlaflosen Nächten durchgehende Betreuung tagsüber. Die Mutter wirkt von Woche zu Woche erschöpfter. Auch Timur leidet unter der neuen Situation, sein Schlaf wird zunehmend schlechter, und er ist tagsüber unruhig. Die Vermutung liegt nahe, dass ihm der Kontakt mit anderen Menschen fehlt. Ich frage Frau Umarova, was ihr fehlt: eine Runde Spazierengehen, ein Kaffeehausbesuch mit einer Freundin. Entlastungsmomente, wie sie meine Kollegin und ich ihr verschaffen, sind die Ausnahme in ihrem fordernden Alltag.

Viele Familien mit einem schwer chronisch erkrankten Kind machen ähnliche Erfahrungen.

> *Oft werden die ehrenamtlichen und professionellen Helfer:innen zu den engsten Vertrauten. Sie sind es, die verlässlich und regelmäßig da sind und für Entlastung sorgen.*

Mit dem Fortschreiten der Erkrankung fallen die Kinder aus den vorhandenen Betreuungssystemen heraus. Am Ende bleibt nur noch die 24-Stunden-Pflege zu Hause, die in den meisten Fällen die Mütter übernehmen.

Die Familien

Wenn ich an Einsamkeit denke, habe ich das Bild von einem gealterten Menschen vor Augen, der allein in seiner Wohnung sitzt. Ich denke nicht sofort an die Familien mit einem chronisch erkrankten Kind, die ich im Rahmen meiner Tätigkeit im MOMO-Kinderpalliativzentrum betreue. Wir begleiten Familien, in denen ein Kind eine lebensbedrohliche oder lebensverkürzende Erkrankung hat. Wir ermöglichen diesen Familien mit unserer mobilen Unterstützung ein würdevolles Leben zu Hause. Manche Familien werden über viele Jahre hinweg von uns in ihrem Alltag und in der Pflege des erkrankten Kindes begleitet. Auch in der schmerzhaften Phase, wenn das Sterben und der Tod des Kindes schon absehbar sind, und in der Trauer sind wir an ihrer Seite.

Ich erlebe in diesen Familien viel Liebe und Zusammenhalt. Mütter und Väter, die geduldig ihre Kinder pflegen. Um ihre Einsamkeit wahrzunehmen, muss man etwas aufmerksamer hinsehen. Oft versteckt sie sich in der Stille zwischen zwei Sätzen. Die Einsamkeit wird dann für mich greifbar, wenn ich spüre, wie eine Mutter mich bei einem Hausbesuch nicht gehen lassen will, sie das Gespräch in die Länge zieht, die Verabschiedung hinauszögert. Einsamkeit findet im Verborgenen statt. Einsame Menschen sind nicht sichtbar.

Nicht alle Familien wachsen in der Betreuungsaufgabe eines schwer erkrankten Kindes zusammen. Manche Paare zerbrechen an der gemeinsamen Aufgabe und ein Elternteil bleibt als alleinerziehende Pflegeperson zurück.

Frau Thurner* bewältigt seit zehn Jahren die Pflege ihres Sohnes Klemens allein. Der Vater lebt im Ausland mit einer anderen Frau. Mit

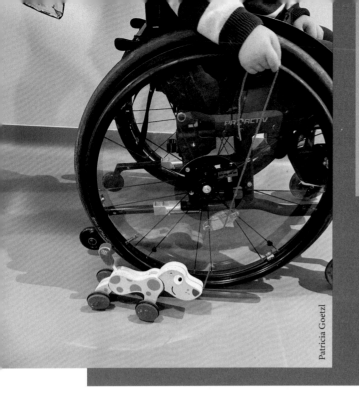

Wie sie es schafft, dass ihr das Leben mit einem Kind mit dieser schweren Erkrankung gut gelingt?

drei Jahren wurde bei Klemens eine Stoffwechselerkrankung diagnostiziert, mit zwölf dachten die Ärzte, dass er bald sterben würde. Heute ist Klemens 22 Jahre alt. Er muss rund um die Uhr betreut werden, ist nur im Rollstuhl mobil. In der Nacht schläft Frau Thurner auf einer Matratze neben seinem Bett, da sie befürchtet, dass seine Atmung aussetzen könnte. Es erfordert ein hohes Maß an Organisation, um alle Therapie- und Untersuchungstermine zu koordinieren und daneben den Haushalt zu managen. Zum Glück gibt es die ältere Tochter, die ab und zu helfen kann. Die Mutter von Frau Thurner, die vor einigen Jahren noch eine wichtige Stütze war, ist inzwischen selbst hilfsbedürftig. Alle anderen Kontakte sind über die Jahre weggebrochen. Früher kamen Klemens' Freunde zum Playstation-Spielen. Irgendwann konnte er durch das Fortschreiten der Erkrankung nicht mehr die Konsole bedienen. Damit kamen auch diese Freunde nicht mehr. Frau Thurner bleibt keine Zeit für eigene Freundschaften, ein neuer Partner ist für sie unvorstellbar.

Austausch bei der Arbeit, sich beruflich Anerkennung holen, seine Lebensziele verwirklichen, abends mal ausgehen – all das fällt für die Hauptpflegeperson weg. Eine Mutter erzählte mir: »Eigentlich habe ich mir mein Leben anders vorgestellt. Ich wollte eine Ausbildung machen und arbeiten. Mit der Diagnose meines Kindes wurden alle Pläne auf Eis gelegt.«

Hinzu kommt die Scham mancher Eltern, sich mit ihrem erkrankten Kind öffentlich zu zeigen. Die Blicke der anderen, die Aufmerksamkeit, die man ungewollt auf sich zieht. Dabei möchten sie nur teilhaben. Eine Mutter drückt es so aus: »Ich möchte nicht bewundert oder bemitleidet werden. Ich möchte, dass meine Tochter zum Kindergeburtstag eingeladen wird.«

Die Geschwister

Wenn Geschwister der erkrankten Kinder da sind, ist es einfacher, in soziale Strukturen eingebunden zu bleiben. Über Kindergarten, Schule und Freunde werden Kontakte eher aufrechterhalten. Gleichzeitig ist die Situation für Geschwister oft belastend. Jede Unternehmung wird zu einem organisatorischen Kraftakt. Dinge, die für andere Menschen alltäglich sind, sind für viele der betroffenen Familien eine ersehnte Ausnahme. Dazu gehören Situationen wie gemütlich im Restaurant essen, shoppen gehen oder ein konzentriertes Gespräch führen.

Ich denke an Ana*, vier Jahre alt. Ihr Bruder ist drei Jahre jünger und leidet an einer Erkrankung, die dazu führt, dass jeder Infekt lebensbedrohlich

Frau Sechser: »Ich schaue, was mir Energie gibt. Wie bleibe ich gesund für meine Tochter und mich? Wie kann meine Tochter ein würdevolles Leben führen und wie kann ich ein würdevolles Leben führen? Das hat für mich den gleichen Stellenwert.«

Elisabeth Sechser

sein kann. Die Eltern leben aus diesem Grund sehr isoliert, Ana geht nicht in den Kindergarten. Sie ist ein aufgewecktes Mädchen und kontaktfreudig. Es ist offensichtlich, dass ihr gleichaltrige Spielpartner:innen fehlen. Wenn ich als Psychologin zu ihr komme, stürzt sie sich förmlich auf mich und vereinnahmt mich mit ihren Geschichten, Spielwünschen und Emotionen.

Wie kann man das nur aushalten?

»Es fängt immer mit einer Diagnose an. Die Familie steht unter Schock«, beschreibt Doris Koller, eine langjährig in der Arbeit mit Familien erfahrene Seelsorgerin. »In dieser Anfangsphase gibt es oft noch ausreichend Unterstützung im persönlichen Umfeld. Leider ist oft zu beobachten, dass Verwandte und Freunde Angst haben, in Kontakt zu treten. Belastend für die Betroffenen sind auch Menschen, die ausweichen. ›Was soll ich sagen?‹ höre ich oft von denen, die der Familie nahestehen, und ›Wie kann man das nur aushalten?‹.« Das Umfeld geht in manchen Fällen nach und nach auf Distanz, vermutlich selbst mit der Situation überfordert. Und das Leben läuft da draußen in einem anderen Rhythmus weiter, während die Familie mit einem erkrankten Kind mit Krankenhausbesuchen, Therapieterminen, Hilfsmittelbeschaffung und Sorge vor gefährlichen Infektionen beschäftigt ist. Oft werden die ehrenamtlichen und professionellen Helfer zu den engsten Vertrauten. Sie sind es, die verlässlich und regelmäßig da sind und für Entlastung sorgen.

Wege aus der Einsamkeit

In Deutschland leben geschätzt zwischen 50.000 bis 100.000 Familien, die tagtäglich diese Erfahrungen machen. Und es gibt erstaunlich viele Menschen, die sich für die Familien, von denen ich erzähle, ehrenamtlich einsetzen und sie mit Freude unterstützen. »An meinem 40. Geburtstag bin ich darauf gekommen, dass ich immer nur Glück hatte und auf die Butterseite des Lebens gefallen bin. Ich hatte das Gefühl, dass ich etwas zurückgeben mag: an Menschen, denen es nicht so gut geht wie mir.« Manfred Knopfhart begleitet mittlerweile seit zehn Jahren ehrenamtlich eine Familie. »Sie schätzt an mir, dass ich konstant und verlässlich da bin. Ich bin immer erreichbar, wenn Gesprächsbedarf da ist, und sie wissen, dass sie mit mir über jedes Thema sprechen können.«

Frau Sechser hat aktiv gegen die Vereinsamung angekämpft. Mit einem halben Jahr wurde bei ihrer Tochter Emilia eine seltene Stoffwechselerkrankung festgestellt. Täglich erleidet sie bis zu 15 epileptische Anfälle, die einige Sekunden

Gianmaria Gava

bis Minuten andauern. Frau Sechser ist alleinerziehend und Unternehmerin. Es war ihr wichtig, berufstätig zu bleiben, »weil es ein Teil von mir ist, der leben will«. Sie hat ein dichtes Netzwerk von Menschen um sich und ihre Tochter geknüpft, die sie unterstützen und mit ihr mitfühlen, sich an wichtigen Entscheidungen beteiligen. Professionelle Helferinnen, ehrenamtliche Begleiterinnen, ihre Familie und enge Freundinnen. Was ihr dabei geholfen hat, ist ihr kommunikatives Talent. Sie spricht alles an. Dort, wo vielleicht Sprachlosigkeit zu Missverständnissen führen kann, sucht sie aktiv das Gespräch und den Kontakt. »Ich habe ein Selbstverständnis, dass das nicht mein Einzelschicksal ist. Es geht in einer Gesellschaft darum, wie wir uns gemeinsam um kranke Menschen und eben auch um meine Tochter kümmern. Ein wichtiger Schlüssel ist das Aufteilen der Pflege und das Vertrauen, dass es andere auch gut machen.«

Wie sie es schafft, dass ihr das Leben mit einem Kind mit dieser schweren Erkrankung gut gelingt? »Ich schaue, was mir Energie gibt. Wie bleibe ich gesund für meine Tochter und mich? Wie kann meine Tochter ein würdevolles Leben führen und wie kann ich ein würdevolles Leben führen? Das hat für mich den gleichen Stellenwert.«

Mag.ᵃ **Helene Brandstetter** arbeitet als Klinische und Gesundheitspsychologin im MOMO – Kinderpalliativzentrum in Wien. Sie begleitet Familien mit einem chronisch erkrankten Kind, leitet Geschwistergruppen und bietet Trauerbegleitung für Familien an, die den Verlust eines Kindes erlebt haben.

Kontakt: helenebrandstetter@hotmail.com
Website: www.kinderpalliativzentrum.at

Literatur

Berlin, B. (2021). Mein chronisch krankes Kind. Wie ihr die Diagnose verdaut, schwere Zeiten meistert und als Familie stark bleibt. Der Ratgeber für Eltern und Angehörige. Hannover.

Büker, C. (2021). Pflegende Angehörige stärken. Information, Schulung und Beratung als Aufgaben der professionellen Pflege. Stuttgart.

Diezemann, K. (2023). Wir kämpfen für dich – Wenn Eltern ihre Kinder pflegen. SWR-Dokumentation.

Juul, J. (2005). Unser Kind ist chronisch krank. Kraftquellen für die ganze Familie. München.

Möller, B.; Gude, M.; Herrmann, J.; Schepper, F. (2016). Geschwister chronisch kranker und behinderter Kinder im Fokus. Ein familienorientiertes Beratungskonzept. Göttingen.

Schiessle, C. (2021). Palliative Versorgung und Begleitung schwer erkrankter Kinder und ihrer Familien. Wenn ein Kind nicht mehr geheilt werden kann. In: Social Plus, 2021.

Anmerkung

1 Namen geändert.

Existenzielle Isolation und Einsamkeit im Alter
Überlegungen einer Psychotherapeutin

Katharina Schoene

Einsamkeit im Alter ist ein bedeutendes und verbreitetes soziales und psychologisches Phänomen. Sie tritt auf, wenn ältere Menschen das Gefühl haben, soziale Kontakte und Bindungen zu verlieren, oder nicht mehr in der Lage sind, so aktiv am gesellschaftlichen Leben teilzunehmen wie in jüngeren Jahren. Einsamkeit ist ein erlebtes Gefühl des Alleinseins, des Vergessen-worden-Seins und der sozialen Isolation, das unabhängig von der tatsächlichen Anwesenheit anderer Menschen auftreten kann. Es ist wichtig zu verstehen, dass Einsamkeit nicht unbedingt mit der Anzahl der Menschen um eine Person herum verbunden ist, sondern vielmehr zu tun hat mit der Qualität der sozialen Verbindungen und dem Gefühl, von anderen verstanden und unterstützt zu werden.

Unterscheidung von Isolation und Einsamkeit

In den folgenden Ausführungen kommt immer wieder das Wort (existenzielle) Isolation zur Sprache. Einsamkeit und Isolation möchte ich gern begrifflich unterscheiden. *Soziale Isolation* bezieht sich häufig auf das Fehlen von sozialen Kontakten oder Interaktionen, während *Einsamkeit* eher ein subjektives Gefühl der Leere oder des Mangels an sozialer Verbundenheit darstellt. Jemand kann sozial isoliert sein, sich aber nicht unbedingt einsam fühlen, und umgekehrt ebenso.

Die (empfundene) soziale Isolation begegnet mir häufig. Ältere Menschen fühlen sich manchmal ausgegrenzt oder »vergessen«. Dieser Schmerz kann sehr tief sein. Ältere Menschen werden aber, so ist meine Beobachtung, vom Umfeld selten bewusst sozial isoliert, sondern ziehen sich von selbst

zurück. Dies geschieht oft unbewusst und wird häufig auf die Außenwelt projiziert: »Ich falle allen zur Last!« versus »Ich bin ihnen nicht mehr wichtig«. Oftmals entspinnt sich hier die Einsamkeit aus einer Spirale innerer Glaubenssätze.

Eine Klientin, die ich lange begleitet habe, fürchtete die bevorstehende Auswanderung ihres Sohnes ins Ausland. Sie formulierte dabei ihre Ohnmacht, dass ihre Kinder ihr eine für sie stimmige Verabschiedung vermeintlich verwehrten. Dies führte zu Konflikten, durch die sich die Klientin immer mehr in sich zurückzog. Sie fühlte sich bereits jetzt verlassen und einsam, auch wenn die Familie noch vor Ort war.

An diesem Beispiel wird deutlich, dass die Angst vor existenzieller Isolation, besonders auf der interpersonellen, also der zwischenmenschlichen Ebene, für die betroffene Person häufig viel bedrohlicher erscheint als die gefürchtete Situation selbst. Wir Menschen erleben in unserem Leben immer wieder, dass wir auf unerbittliche Weise allein sind (Yalom 2010, S. 411). Yalom unterscheidet dabei die interpersonale, intrapersonale und die existenzielle Isolation.

Formen der Isolation

Interpersonale Isolation: Wir nennen sie auch Einsamkeit, und sie ist die Isolation gegenüber anderen Menschen. Im Alter werden wir zum Beispiel durch den Verlust von Bezugspersonen oder das Auseinanderbrechen familiärer Strukturen immer wieder damit konfrontiert. Die zwischenmensch-

Leidfaden, Heft 3 / 2024, S. 61–65, ISSN (Printausgabe): 2192-1202, ISSN (online): 2196-8217, © 2024 Vandenhoeck & Ruprecht

liche Isolation wird schmerzhafter erlebt, weil die tragenden sozialen Netze kleiner geworden sind als in jungen Jahren. Wir werden mit dem Alter auch angewiesener auf äußere Unterstützung (und Hilfsmittel), wir sind nicht mehr so umtriebig und flexibel – neue Kontakte werden auch durch eingeschränkte Möglichkeiten (etwa in der Mobilität) nicht mehr so leicht geknüpft. Durch zunehmende Vereinzelung in unserer Gesellschaft oder auch durch das Leben allein ist diese Form der Isolation häufig anzutreffen.

Bei der *intrapersonalen Isolation* erlebt die Person eine Distanz und Entfremdung zu sich selbst. Innere Anteile fühlen sich dabei abgespalten an und Teile der Seele sind unzugänglich für das Selbst.

Interessant im Rahmen dieses Artikels ist besonders die dritte Form der Isolation, die *existenzielle Isolation,* die den – existenzanalytisch gesprochen – grundlegenden »Seinsgrund« be-

rührt. Die Fähigkeit des Alleinseins ist die Fähigkeit des Liebens, so Erich Fromm in seinem Buch »Die Kunst des Liebens«.

Erfahrung existenziellen Getrenntseins

Für die therapeutische Begleitung ist das Thema der existenziellen Isolation relevant. Warum? Weil es das Thema eines jedes Menschen ist. Unser Leben ist von Beginn an Trennung, nach einer Phase der Symbiose mit der Mutter und elterlicher Abhängigkeit entwickelt sich der Mensch nach und nach zu einem selbstständigen Wesen, unabhängig und getrennt. Der Mensch wächst dabei innerlich und äußerlich, er grenzt sich ab und wird zum eigenen Individuum. Yalom ist der Meinung, dass der Preis, den wir für dieses Wachstum zahlen, die Isolation ist. Wir suchen den Zustand der Symbiose und Verbundenheit immer wieder, fällt er weg, können wir in die existen-

LALOKI STUDIO & DESIGN

zielle Isolation gelangen und dieser mit voller Wucht und Ohnmacht begegnen. »Das Heraustreten aus der zwischenmenschlichen Verschmelzung wirft den Menschen in die existenzielle Isolation« (Yalom 2010, S. 421). Das erzeugt Furcht. Beziehung scheint demnach ein Wechselspiel zwischen a-part-of (ein Teil von) und a-part-from (getrennt von) zu sein (S. 421).

Existenzielle Isolation ist unangenehm, bringt Schmerz hervor und wird abgewehrt. Sie klopft dennoch immer wieder an. Die existenzielle Isolation ist durch ein Gefühl innerer Abkoppelung gekennzeichnet und kann trotz höchst befriedigender Verbindungen zu anderen Menschen und trotz Selbsterkenntnis sowie spiritueller Anbindung bestehen. »Sie beschreibt den unüberbrückbaren Abgrund zwischen sich selbst und anderen Lebewesen« (Yalom 2010, S. 413), einer sehr schmerzhaft empfundenen Trennung zwischen dem Menschen und der Welt. Existenzielle Isolation fühlt sich dann wie ein Auf-sich-zurückgeworfen-Sein an und geht oft mit Traurigkeit einher. Das Gedicht »Im Nebel« von Hermann Hesse (1905) drückt diese empfundene existenzielle Isolation aus:

Im Nebel

Seltsam, im Nebel zu wandern!
Einsam ist jeder Busch und Stein,
Kein Baum sieht den andern,
Jeder ist allein.

Voll von Freunden war mir die Welt,
Als noch mein Leben licht war;
Nun, da der Nebel fällt,
Ist keiner mehr sichtbar.

Wahrlich, keiner ist weise,
Der nicht das Dunkel kennt,
Das unentrinnbar und leise
Von allen ihn trennt.

Seltsam, im Nebel zu wandern!
Leben ist Einsamsein.
Kein Mensch kennt den andern,
Jeder ist allein.

Hermann Hesse

Es existiert auch stets der andere Pol: In der existenziellen Einsamkeit erfahren wir uns selbst und das Tragende und Verbindende in unserem Leben, was eine zutiefst tröstliche Erfahrung sein kann, die uns wachsen lässt.

Menschen erzählen oft von Gefühlen der Bodenlosigkeit, die sie empfinden, wenn es um existenzielle Einsamkeit geht. Sie beschreiben dann, dass sich Isolation wie Abgetrennt- und Abgesondertsein von der Welt (wobei eben die Frage interessant ist: Kehrt sich die Welt wirklich ab von uns oder wir uns von ihr?) und wie ein Ausgeliefertsein an die äußeren Kräfte des Lebens anfühlt. Menschen erleben ein Nicht-in-dieser-Welt-zuhause-Sein (Yalom 2010, S. 419). Wenn uns der Boden unter den Füßen weggezogen wird, fallen wir zunächst einmal ins Bodenlose – und das tun wir allein. Von dieser Abtrennung (auch des eigenen Ichs von stärkenden und bergenden Anteilen) wird oft berichtet, wenn sich eine beängstigende Diagnose über ein Leben legt oder eine plötzliche Trennung von einem geliebten Menschen einen anderen trifft. Die Erfahrungen existenziellen Alleinseins haben etwas Unheimliches.

Rilke erinnert in seinem Gedicht »Die Liebende« von 1908 an die Unausweichlichkeit des eigenen Schicksals, man könnte es hier auch als eigenen Lebensweg oder weiter als eigene Existenz bezeichnen: »Fremd, wie nie beschrieben, sieht mich mein Schicksal an!« Auch Martin Heidegger wies immer wieder auf dieses »Ins-Leben-geworfen sein« hin. Man verliert die Vertrautheit in die Welt (Heidegger zitiert nach Yalom 2010, S. 418). Dennoch haben wir im Lauf unseres Lebens gelernt, sie gut und sicher in weltliche »Artefakte« (Yalom 2010, S. 416) zu verpacken. Diese Isolation ist für uns unheimlich und wir versuchen, ihr immer wieder zu entfliehen. Wir setzen alles in zwischenmenschliche Beziehungen oder die Verwirklichung unseres Selbst, arrangieren unser Leben, verleihen unserem Dasein durch sinnstiftende Aktivitäten einen Sinn, identifizieren uns mit Rollen, machen Zuschreibungen und wenn all diese Artefakte brüchig werden oder gar wegfallen, fallen wir wieder in die Erfahrung existenzieller Isolation zurück.

In der äußeren und inneren Stille, der Abwesenheit des lauten Getriebes der Welt, zum Beispiel durch einen Schicksalsschlag, kommen wir mit diesen Themen in Kontakt. In diesen Phasen wird unsere Sicht auf die Welt tief erschüttert. Es existiert aber auch stets der andere Pol: In der existenziellen Einsamkeit erfahren wir uns selbst und das Tragende und Verbindende in unserem Leben, was eine zutiefst tröstliche Erfahrung sein kann, die uns wachsen lässt.

Existenzielle Isolation in der therapeutischen Begleitung

Existenzielle Isolation trifft auch mich als Begleitende und kann zu meinem Lebensthema werden – früher oder später werde ich in meinem Dasein (wieder) mit ihr konfrontiert sein. Ich bin der Überzeugung, dass eine persönliche Auseinandersetzung mit diesem Thema grundlegend dafür ist, Klient*innen in ihrer Einsamkeit und den damit verbundenen Ängsten zu begleiten. Die Isolation ist Teil unserer Existenz, und wir müssen sie annehmen lernen.

Die verstehende, vertrauensvolle, raumgebende therapeutische Beziehung, die menschliche Verfügbarkeit des/der erfahrenen und reflektierten Begleiter*in und die Vertrautheit bilden einen wichtigen, nährenden Boden, wenn Klient*innen mit existenzieller Isolation in Kontakt kommen. Authentizität und Kongruenz schaffen im therapeutischen Prozess einen fruchtbaren Boden. Die Beziehung sollte sicher, wärmend, wertfrei und von großem Interesse getragen sein. Psychotherapie kann aufzeigen, wie es gelingt, von der inneren Isolation in die Beziehung zu sich selbst und zu anderen zu kommen. Das Ich wird in einer wirklichen Begegnung verändert und ist ein anderes Ich, als es vor der Begegnung mit dem Du war. Es (das Ich) öffnet sich nicht nur für den anderen, sondern erfährt sich selbst durch den anderen (Yalom 2010, S. 470). »Aus der tiefen Beziehung heraus hilft der Therapeut dem Patienten, sich der Isolation zu stellen und seine einsame Verantwortung für sein eigenes Leben zu erkennen – dass es der Patient ist, der die Dilemmata in seinem Leben geschaffen hat, und dass leider er allein es ist und sonst niemand, der sie verändern kann« (S. 471).

Existenzielle Einsamkeit kann so bedrohlich sein, dass Yalom deren Überwindung mit einem Überlebenswunsch vergleicht. Der existenziell isolierte Mensch sucht nach dieser Überwindung nicht, weil er es wünscht, sondern weil er es muss (S. 455). Es steht in der Auseinandersetzung mit der existenziellen Isolation also oftmals eher das Überleben als das Wachstum im Mittelpunkt. Ein weiterer therapeutischer Begleitschritt besteht, so Yalom, in der Hilfe für den/die Klient*in, die existenzielle Isolation zu erforschen, in seine oder ihre Gefühle der Verlorenheit und der Einsamkeit einzutauchen. Therapeut*innen dürfen bergend Fragen und Antworten erleben helfen, die sie nicht ausschließlich in der Nähe zu anderen Menschen, sondern besonders in sich selbst finden können. Die existenzielle Isolation ist eine Konstante in unserem Leben und kann in der Auseinandersetzung das Leben vertiefen und die Angst davor verringern.

Katharina Schoene, Studium der Sonderpädagogik und Theologie, klinische Seelsorgerin, Referentin, Psychotherapeutin, arbeitet in freier Praxis in Wien. Ihr Schwerpunkt liegt in der Begleitung von Menschen im Alter und mit Demenz sowie in der Arbeit mit Angehörigen. Ihr besonderes Interesse betrifft die existenziellen Horizonte alter Menschen: Tod, Trauer, Sinn, Freiheit und Isolation.

Kontakt: begegnung@katharina-schoene.com

Website: www.katharina-schoene.com

Literatur

Fromm, E. (1956/1998). Die Kunst des Liebens. München.
Schilling, E. (2024): »Die meisten wollen einfach mal reden«. Strategien gegen Einsamkeit im Alter. Neu-Isenburg.
Yalom, I. (2010). Existenzielle Psychotherapie. 5., korrigierte Auflage. Bergisch Gladbach.

Die Kraft des Alleinseins

Reiner Sörries

Wer einsam ist, muss nicht allein sein. Einsam kann man sich auch unter Menschen fühlen, selbst in einer Beziehung, in der Schule oder im Beruf oder beispielsweise im Seniorenheim. Aber auch wer allein ist, muss sich nicht einsam fühlen. Wer allein ist, kann das als durchaus erstrebenswerte Situation begreifen. Die Wörter »einsam« und »allein« sind lange Zeit als gleichbedeutend angesehen worden, doch sie drücken Verschiedenes aus. Entsprechend ist der Titel dieses Beitrags gewählt. Man könnte kaum von der *Kraft der Einsamkeit* sprechen, wohl aber kann man von der *Kraft des Alleinseins* reden. Ein Blick in der Bibliothek genügt. Hier einige Beispiele: »Die Kunst des Alleinseins« von Ursula Wagner (2005), »Verabredung mit mir selbst – Von der Kraft, die im Alleinsein liegt« von Patricia Tudor-Sandahl (2005) oder »Positive Einsamkeit – Die Kraft des Alleinseins« von Hervé Magnin (2010, deutsch 2015), und das ist nicht das Ende der Fahnenstange.

Aber wer geht heute schon in die Bücherei, wenn man die »Kraft des Alleinseins« auch googeln kann. Da hagelt es gute Vorschläge, Seminare werden angeboten oder ein Selbsthilfe-Lehrgang mit Selbstcoaching-Tools und -Übungen verspricht: »9 Wochen, die dein Leben verändern werden«. Fast gewinnt man den Eindruck, als sei das Alleinsein der eigentlich wirkliche Zugang zum Glück.

Wer nun glaubt, ich stünde den Verheißungen des Alleinseins eher skeptisch gegenüber, der hat nicht ganz unrecht und fragt sich vielleicht, warum schreibt oder redet er dann von der *Kraft des Alleinseins*. Weil ich zwar den Verheißungen der Ratgeberinnen und Ratgeber wenig abgewinnen kann, aber durchaus die *Kraft des Alleinseins* schätze. Allerdings ist es nicht nur notwendig, zwischen einsam und allein zu unterscheiden, sondern das Alleinsein selbst muss differenziert betrachtet werden.

Single-Sein als Lebensentwurf

In Deutschland leben etwa 17 Millionen Personen in einem Einpersonenhaushalt. Somit liegt der Anteil der Alleinlebenden an der Bevölkerung bei gut 20 Prozent. Darunter sind Verwitwete und Geschiedene, aber der größte Anteil dieser Gruppe mit etwa 50 Prozent stellen die Alleinlebenden, die diese Lebensform bewusst leben. Für viele von ihnen ist das Single-Sein eine mal längere, mal kürzere Phase in ihrem Leben, da sie letztlich doch eine Beziehung eingehen und damit das Alleinsein gegen Zweisamkeit eintauschen, Kinder nicht ausgeschlossen. Doch es gibt auch Hardcore-Singles, die das permanente Alleinsein für die einzig sinnvolle Lebensform halten. Ihnen hat Mariela Sartorius, die Psychologie und fernöstliche Philosophie studiert hat, 2006 die Hymne von der »Hohen Schule der Einsamkeit« gewidmet und möchte mit ihrem Buch »Von der Kunst des Alleinseins«, wie es im Untertitel heißt, noch mehr Menschen anregen, »das Getümmel zu verlassen, Alleinzeit zu ›ergattern‹, Störungen abzuschmettern« und helfen, »das Alleinsein bewusst zu planen«.

Ja, es gibt offenkundig diesen Trend zum überzeugten Single. In einem Interview mit der Zeitschrift »Brigitte« antwortete Sartorius auf die Frage, woher die Lust am Rückzug kommt: »Aus dem Überdruss. Es gibt zu viel Lärm, zu viel Kommunikation. So ist es ein großer Genuss, nur mit sich selbst zu sein, Stille zu finden. Alleinsein-Können ist Lebenskunst. Deshalb sind Singles oft die interessanteren Menschen.« Single-Sein heißt aller-

Leidfaden, Heft 3/2024, S. 66–69, ISSN (Printausgabe): 2192-1202, ISSN (online): 2196-8217, © 2024 Vandenhoeck & Ruprecht

dings nicht, alle Kontakte abzubrechen, jedoch sie bewusst zu leben. Und Sartorius benennt die rote Linie, die auch ein Single nicht überschreiten sollte: »Äußere Anzeichen sind zum Beispiel, wenn man beim Essen in den Zähnen stochert, verschiedene Socken anzieht, den Pullover verkehrt herum trägt, zu Hause nicht mehr aufräumt, so dass kein spontaner Gast mehr eingelassen werden kann.«

80 Tage Einsamkeit

Es gibt eine selbst gewählte Einsamkeit, um Herausforderungen zu meistern. 80 Tage war Boris Hermann mutterseelenallein während seiner Weltumseglung unterwegs. Nur zwei dieser 80 Tage habe er wirklich genossen, sagte Hermann in einem Interview, und eigentlich sei er gern unter Menschen. Das Alleinsein ist also nicht sein Ziel, sondern der Lohn der Einsamkeit war der fünfte Platz bei der Vendée Globe 2020/21, die als härteste Einhandregatta der Welt gilt. Im Gegensatz zu dem von Sartorius gepriesenen selbst gewählten Alleinsein als Lebensentwurf steht Hermanns Weltumseglung für ein Alleinsein nicht als Selbstzweck, sondern als ein beschwerlicher Weg zu einem Ziel.

Solches Alleinsein, gerade über einen längeren Zeitraum, kann durchaus der Selbstverwirklichung dienen, aber es ist ein hartes Brot, das gereicht wird. Es ist auch kein neues Phänomen, schon seit Jahrtausenden gab es Menschen, die das Bedürfnis hatten, sich von der Welt loszusagen. Im Christentum waren es die Eremiten, die sich für eine gewisse Zeit oder sogar ihr ganzes Leben lang in die Einsamkeit der Wüste zurückzogen. Einer der ersten war im 3. Jahrhundert der Heilige Antonius. Er litt nicht nur körperliche, sondern auch seelische Schmerzen, meist ausgedrückt durch die Quälereien durch die Dämonen, die in der Einsamkeit versuchen, die Herrschaft über den Menschen zu gewinnen. Hieronymus Bosch zeigt den Heiligen zusammengekauert, so, als würde er sich klein machen wollen, um den Dämonen möglichst wenig Angriffsfläche zu bieten. Aber die bösen Geister sind überall, wenn der Mensch allein ist. Trotzdem schöpfte Antonius daraus die Kraft, um zum Begründer des christlichen Mönchtums zu werden. Für ihn war das Alleinsein kein Selbstzweck, keine Verabredung mit sich selbst, keine Suche nach seinem inneren Menschen, sondern Buße, Lernen und Suche nach seinem Gegenüber Christus. Antonius als Exempel des Alleinseins macht deutlich, Alleinsein ist eine schwierige Zeit und gewinnt seinen Wert erst, wenn es zielgerichtet ist. Wenn es nicht beim Alleinsein bleibt, sondern wenn daraus etwas entsteht und gewonnen wird.

Temporäre Einsamkeit

Unter normalen Umständen wird es den wenigsten möglich sein, 80 Tage um die Welt zu

Für den Heiligen Antonius war das Alleinsein kein Selbstzweck, keine Verabredung mit sich selbst, keine Suche nach seinem inneren Menschen, sondern Buße, Lernen und Suche nach seinem Gegenüber Christus.

segeln, geschweige denn für Jahre in die Wüste zu gehen. Aber vielleicht sind acht, vierzehn Tage oder drei Wochen möglich, um einen Ort zur Einübung ins Alleinsein aufzusuchen. Alleinsein ist heute durchaus ein gewisser Trend, wenn man die vielen Angebote sieht für eine Auszeit im Kloster. Hape Kerkelings »Ich bin dann mal weg« ist nicht nur ein geflügeltes Wort geworden, sondern für manche ein Sehnsuchtsort. Doch was ist mit einer klösterlichen Auszeit oder einer einsamen Pilgerreise gewonnen? Das temporäre Kloster oder der vierwöchige Verzicht auf das Smartphone besitzen durchaus Potenzial. Mit der gepredigten Selbsterkenntnis ist es jedoch nicht getan, die selbst gewählte Einsamkeit sollte mit einem selbstgesteckten Ziel verbunden sein.

Vielleicht hilft das Schreiben gegen die Einsamkeit, das Abfassen einer Geschichte, einer Biografie; oder vielleicht schreibt man wieder mal Briefe an Menschen, mit denen man sonst nur per WhatsApp oder einen anderen Kurznachrichtendienst kommunizierte? Vielleicht ist es das selbstgezimmerte Boot, mit dem man schon immer wenn nicht die Welt, aber zumindest den nahe gelegenen See erkunden wollte. Vielleicht repariere ich endlich das Fahrrad, das schon seit Jahren ungenutzt im Keller steht und auf eine Ausfahrt wartet. Irgendein Tun braucht das Alleinsein, ein Ziel, wenn es sinnvoll sein soll.

Alleinsein als Übungsraum ist natürlich schwierig, wenn man in einer Familie lebt. Aber auch der Gedanke, zwei, drei Wochen Auszeit von der Familie zu nehmen, ist aus meiner Sicht erwägenswert, aber es soll nicht in mich hinein-, sondern aus mir herausführen. Und dies gelingt am ehesten, wenn mit der Auszeit eines selbst gewählten Alleinseins ein Ziel verbunden ist. Während des Alleinseins sind Attacken der Dämonen nicht ausgeschlossen. Es gilt, sie auszuhalten, denn das temporäre Alleinsein bemisst sich von seinem Ende her, nach dem Motto: Ich habe es geschafft, ganz allein und auf mich gestellt.

Me-Time

Muss man noch etwas zu dem Modebegriff *Me-Time* sagen, der inzwischen den ebenso trendigen Modebegriff *Self-Care* toppt? Ich selbst kenne *Me-Time* noch als Freizeit, die ich immer als sehr befreiend erfahren habe, und ich hatte immer genügend *Ich-Zeit*. Indem eine solche Auszeit heute gern ins Englische transferiert wird, erwächst daraus ein bis dato unbekannter Leistungsdruck. Wehe, wenn ich den gelisteten Maßnahmen für die *Me-Time* nicht genüge, zu wenig Yoga mache, zu wenig in mich hineinhöre, zu wenig Zeit ganz mit mir allein verbringe! *Me-Time* und *Self-Care* sind längst Teil des Selbstoptimierungswahns geworden. Der Weg zu mehr Stressfreiheit wird damit zum Leistungsprinzip erhoben. Kritisch wäre anzumerken, dass vor allem Frauen, die mehr als Männer in ihrem Alltag unter dem Spagat zwischen Arbeit, Haushalt und Kindererziehung leiden, durch eine verordnete *Me-Time* einem weiteren Druck ausgesetzt sind. Freilich ist richtig, dass kleine Zeiten des Alleinseins dem allgemeinen Wohlbefinden dienen, am besten aber dann, wenn sie wie selbstverständlich in den Alltag integriert sind und nicht geplant werden müssen.

Kurze Anmerkung

Was also schätzt der Autor am Alleinsein, wie er eingangs bekannt hat? Zeiten, in denen ich mit etwas befasst bin, das ich am besten allein tun kann. Und ich schätze die kleinen Zeiten im Alltag, die aber nicht *Me-Time* heißen müssen; die alten Wörter »Pause« oder »Nichtstun« tun es auch.

Reiner Sörries ist evangelischer Theologe, Pfarrer der Evangelisch-Lutherischen Kirche in Bayern und Professor für Christliche Archäologie und Kunstgeschichte am Fachbereich Theologie der Universität Erlangen-Nürnberg. Er war bis 2015 Direktor des Museums für Sepulkralkultur in Kassel. Er lebt und arbeitet – inzwischen im Ruhestand – in Kröslin an der Ostsee.

Kontakt: soerries@web.de

Einsamkeit
Nichts währt ewig, alles ist vergänglich

Andrea Bastian

Am 4. September 2023 hatten wir Silberhochzeit. 25 Jahre gemeinsam durchs Leben und doch war schon seit zwei Jahren nichts mehr so wie vorher, hatte sich doch unser Leben nach dem lebensbedrohlichen Herzinfarkt meines Mannes, in dessen Folge drei Monate um sein Leben gekämpft wurde, komplett verändert. In dieser Zeit zog sie bei mir ein: die Einsamkeit. Lernte ich sie mit ihren vielen Facetten kennen, wurde sie meine Begleiterin, habe ich mich in ihren Armen ausgeweint und gemeinsam mit ihr das wunderbare Licht der Morgensonne über den Berggipfeln des Schwarzwaldes bestaunt.

Wenn ich hier über Einsamkeit schreibe, dann ist es eine von unzählig vielen. Meine Einsamkeit begann mit der Erkrankung meines Mannes. Den liebgewonnenen, gewohnten Alltag gab es nicht mehr. Mit einem Mal war alles anders, stand ich allein da, war ich gefordert, Entscheidungen zu treffen, die ich nicht wie gewohnt mit meinem Mann absprechen konnte. Ich fühlte mich nicht nur allein, sondern mehr noch, ich fühlte mich einsam.

Während der Auseinandersetzung mit diesem Artikel fragte ich andere, was Einsamkeit für sie bedeutet. Eine Antwort war: »wenn man nicht verstanden/gehört wird«, das trifft es für mich ganz gut. Ich wurde von meinem Mann nicht mehr, wie gewohnt, gehört und verstanden. Für meine Situation bedeutet das immer wieder aufs Neue, einen immensen Verlust zu erleiden. Die mir vertraute Zweisamkeit ging verloren. Gemeinsame Aktivitäten, die wir als Paar unternommen hatten. Sei es kultureller Art oder die geliebten Spaziergänge zu zweit, während derer wir die Natur genießen konnten. Mit dem geliebten Menschen, mit dem ich all die schönen Dinge mit

Freude im Herzen zu teilen gewohnt war. Auch sie waren weg, es gab sie fortan nicht mehr.

Mein neuer Alltag lässt mir nicht viel Zeit, darüber nachzudenken, worüber ich letztlich froh bin. Die Einsamkeit fühlen kann ich trotzdem. Es sind Momente, in denen ich mit dem Auto von A nach B fahre oder allein die vertrauten Spaziergänge unternehme. Dann liegt das Gefühl der Einsamkeit schwer auf meiner Brust, machen sich Schmerz und Trauer über diese unzähligen Verluste breit. Doch gleichzeitig sind es auch diese Momente, die mir letztlich Kraft geben, kann ich doch in ihnen für eine kurze Zeit diesem neuen, oft belastenden Alltag entfliehen, fühle ich mich für kurze Zeit frei.

Doch das sind Ausnahmen. Das Gefühl der Freiheit ist kaum mehr vorhanden, somit ebenfalls verloren. Ich kann nicht einfach mal Freunde oder Veranstaltungen besuchen. Bei dem von mir gewählten Betreuungsmodell meines Mannes braucht es eine vertraute Person, die in meiner Abwesenheit bei ihm ist. Auch wenn er wieder mobiler ist, so bedarf er dennoch in vielerlei Dingen Unterstützung. Manches Mal bin ich darüber verzweifelt, wünsche ich mir, einfach alles hinter mir zu lassen. Frage ich mich, wann kommt der gefürchtete Wendepunkt, der Augenblick, an dem mein Mann versterben wird. Schließlich betonten die Ärzte, bei seinem vorletzten Krankenhausaufenthalt, dies sehr nachdrücklich. Nötigten sie mir fünf Gespräche auf, in denen sie eine finale Lebenserwartung von maximal sechs Monaten hervorhoben. Bereits das erste Gespräch hatte genügt, um mich erneut in Alarmbereitschaft zu versetzen, die weiteren vier setzten mich unnötig der Angst aus, die ohnehin mein ständiger ungebetener Gast

Leidfaden, Heft 3 / 2024, S. 70–72, ISSN (Printausgabe): 2192-1202, ISSN (online): 2196-8217, © 2024 Vandenhoeck & Ruprecht

Seelen*felder*

ist. Fragen stürzten auf mich ein: Was wird dann sein? Wie wird es sich anfühlen? Wird die Einsamkeit sich wie eine Lawine auf mich legen, oder wird sie mir ein sicherer Hafen der Ruhe sein?

Dies liegt nun fast ein Jahr zurück. Meinem Mann ging es zu Hause langsam wieder besser, dennoch war ich fast täglich auf alles gefasst, dachte immer wieder über das mögliche Sterben meines Mannes nach und wie sich mein Leben dadurch verändern würde. Es war Stress pur. Zum Glück nimmt mich mein neuer Alltag komplett in Anspruch, sodass solche Überlegungen wenig Raum einnehmen. Wer mich kennt, weiß, dass ich alle erdenklichen Szenarien bereits durchexerziert habe. Und doch gibt es immer wieder diese Momente, in denen mich die Einsamkeit umgibt, ich ihre Anwesenheit spüre. Mal aus sicherem Abstand, mal bedrohlich nahe. Die Frage nach dem Danach, nach dem, wie es sein wird, lässt sich nicht jetzt beantworten. Was ich sagen kann, ist, dass die Situationen, die Momente, in denen das Gefühl der Einsamkeit in mir auftaucht, schmerzhaft sind und sie mich sprachlos machen. Da ist kein Gegenüber, dem ich meine Eindrücke, meine Gefühle mitteilen kann, der sie und mich versteht. Die Einsamkeit macht unsichtbar, der geliebte Mensch sieht mich nicht mehr so, wie er es all die Jahre getan hat. Und letztlich macht sie unsagbar traurig und auch diese Traurigkeit lässt sich nicht mehr mit dem vertrauten Menschen teilen.

Inzwischen sind fast dreieinhalb Jahre vergangen. Nach dieser traumatischen Lebenskrise gab es im Krankheitsbild meines Mannes immer wieder Höhen und Tiefen. Blicke ich jetzt im Schreiben darauf zurück, staune ich selbst, was alles geschehen ist, was mich hat fürchten und hoffen lassen, bis zum heutigen Tag. Ich bin nach wie vor den Gefühlen, die die Einsamkeit mit sich bringt, ausgesetzt, kann sie mal mehr mal weniger gut handhaben. Immer noch gibt es Augenblicke, in denen ich mich wie im Schleudergang der Emotionen fühle. So wird es wohl auch bleiben. Die Endlichkeit ist bei uns eingezogen. Wann mein Mann mit ihr weiterziehen wird – ich weiß

es nicht. Ich habe erfahren, dass dies jederzeit möglich sein kann. Doch jetzt im Moment ist es nicht der Fall, jetzt haben wir, wenn auch komplett verändert, ein gemeinsames Leben. Ein Leben, das uns bei aller Schwere auch noch schöne gemeinsame Momente schenkt, mit Lachen und vertrauter Nähe. Zeiten, in denen wir unsere Nähe spüren, genießen und froh darüber sind, einander zu haben.

Letztlich kann ich mich nicht wirklich auf den Gefühlsmoment des finalen Abschieds vorbereiten. Ich muss mich dem, was unausweichlich kommen wird, ergeben und Vertrauen schenken. Vertrauen, dass ich nicht allein bin, dass dieses Erleben auf alle wartet. Nichts währt ewig, alles ist vergänglich. Das und der Umstand, dass ich keinen abrupten Abschied erlebe, sondern er in Phasen stattfindet, erscheint mir auf eine gewisse Weise sogar tröstlich. Ob es mich, wenn der Tag gekommen ist, tatsächlich trösten wird, weiß ich heute nicht.

Als mein Mann aus dem Koma erwachte, waren seine ersten Worte: Die Liebe ist stärker. Seitdem bin ich mir gewiss, dass die Liebe die stärkste Kraft ist, die wir in uns tragen. Und, das mag für manchen merkwürdig klingen, ich fühle mich beschützt und getragen. Und vielleicht ist es genau dieses Gefühl, das mich immer wieder aufstehen und Energie tanken lässt.

wenn Einsamkeit
mich überkommt
geh ich auf die Reise
Seelenfelder schreitend
pflücke ich Herzensliebe
still und leise
atme Zuversicht und Glauben
lass die Einsamkeit keins davon mir rauben

Andrea Bastian, Diplom-Pädagogin, ist Schreibgruppenleiterin im Raum Freiburg/Breisgau im Hochschwarzwald.
Kontakt: bastianmail@posteo.de

Umkehr von der Einsamkeit

Angela Paganini

Einsam fühlt sich der Mensch, wenn er sich nicht mitteilen, nicht mit anderen etwas teilen kann oder der eigene Einfluss in der Gesellschaft, die Selbstwirksamkeit schwindet. Auch wenn die Berührung durch einen Partner oder durch Freunde fehlt, kommt schnell der Gedanke an die Unannehmlichkeiten des Alleinseins auf. Für diese These spricht, dass der Mensch ein Gemeinschaftswesen ist, für das Bestärkung oder Bestätigung von anderen einen Großteil an Lebensfreude ausmacht. Doch bringt man sich mit dieser Sichtweise, die meist von anderen abhängig ist, nicht auch um die Entdeckung der eigenen inneren Stärken? Denn genauso gut lässt sich das Gefühl der Einsamkeit und des Abgeschiedenseins umkehren in eine bewusst wahrgenommene Auszeit von anderen.

Mal wie ein subtiler Beobachter, mal wie eine Erobererin herausfinden, was einem selbst Freude macht. Sich unabhängig von anderen in sich selbst vertiefen und sich trotz widriger Lebensumstände oder gesundheitlicher Probleme mit sich selbst im Einklang befinden.

Mit der eigenen Persönlichkeit in Frieden leben ist wohl eine der schwersten Aufgaben, doch auch eine der lohnenswertesten. So schwierig es klingen mag, aus der Abwärtsspirale der Einsamkeit kann sich befreien, wer Verzicht auf trübe Einsamkeitsgedanken einübt. Dies sei einen Versuch wert.

Ursachen von Einsamkeit

Um eines voraus zu schicken: Jedes Gefühl, so auch die Einsamkeit, ist aus gutem Grund existent und soll nicht weggedacht oder unterdrückt werden. Es geht vielmehr um das Verständnis der Ursachen von Einsamkeit und was man selbst daraus schöpfen kann.

Die Familie zieht weg, der Partner stirbt, Freunde entwickeln andere Anschauungen oder Bekanntschaften existieren ausschließlich über virale Kanäle – es gibt viele Gründe, sich einsam zu fühlen. Trauer, die vom Lebensgefühl der aktiven Gesellschaft abweicht und still macht, oder Aggression beziehungsweise Autoaggression können einen Menschen von seiner Umwelt entfremden und einsam dastehen lassen. Auch innerhalb von Gemeinschaften entsteht manchmal ein Gefühl, nicht dazuzugehören. Selbst in engen Beziehungen kann man sich einsam fühlen. So wird man unweigerlich mit sich selbst konfrontiert.

Der gleichzeitige Wunsch, sich zugehörig zu fühlen und doch Widerstand gegen das gefühlte Unverständnis gegenüber der eigenen Person zu empfinden, erzeugt durchaus einen inneren Zwiespalt. Was kann aus der empfundenen Isolation führen, in die der Mensch hineingeraten ist?

Da die Ursachen von Einsamkeit lange nicht wissenschaftlich untersucht wurden, existieren heute ein eigenes Forschungsfeld und eine von der Bundesregierung geförderte Institution, die sich mit Einsamkeit in allen Facetten beschäftigt: das Kompetenznetzwerk Einsamkeit (KNE). Es hat herausgefunden, dass etwa jede Zehnte in Deutschland lebende Person sich oft oder sehr oft einsam fühlt (Studien zwischen 2013–2017). Später, während der Coronapandemie, hat sich dieser Zustand vor allem bei Jugendlichen stark bemerkbar gemacht.

Was ist Einsamkeit? Die Forscher Peplau und Perlman (1982) beschreiben sie als eine wahrgenommene Diskrepanz zwischen gewünschten und tatsächlichen sozialen Beziehungen. Das

Leidfaden, Heft 3 / 2024, S. 73–78, ISSN (Printausgabe): 2192-1202, ISSN (online): 2196-8217, © 2024 Vandenhoeck & Ruprecht

*Eine gesteigerte Form dieser Aufmerksamkeit ist die Meditation. Beginnt man im Schneidersitz oder auf einem Stuhl sitzend, auf den eigenen Atem zu achten, der den ganzen Körper mit Sauerstoff anreichert, können sich nach einiger Zeit des Übens Verspannungen lösen. Eine kleine Übung: Setzen Sie sich auf einen bequemen Stuhl und stellen die Füße fest nebeneinander hüftbreit auf den Boden. Schließen Sie die Augen. Dann atmen Sie bewusst ein paar Mal

KNE erläutert weiter: »Einsamkeit ist ein subjektives Gefühl, bei dem die eigenen sozialen Beziehungen nicht den persönlichen Wünschen und Bedürfnissen entsprechen. Zum Beispiel kann Einsamkeit für manche einen empfundenen Mangel an engen, emotionalen Bindungen bedeuten. Für andere entsteht Einsamkeit, wenn sie weniger Kontakt zu anderen Menschen haben, als sie es gerne möchten.«

Einsamkeit in der Beziehung zu anderen hat oft mit Fremdheit in Bezug auf die Gefühle oder Gedanken anderer zu tun. Kommt es etwa zu Verständnis- oder Kommunikationsproblemen? Können eigene Vorstellungen nicht zum Ausdruck gebracht werden oder werden sie nicht wahrgenommen? Sind schlichtweg keine Ansprechpartner vorhanden, entsteht die Beziehungsebene erst gar nicht, und damit mag ein Korrektiv fehlen, das eigene festgefahrene Denkmuster durchbricht. Wir sind mit uns selbst konfrontiert. Das ist erst einmal, besonders für extrovertierte Persönlichkeiten, eher ungewohnt. Ein Umdenken, das nicht auf Bewertungsmaßstäben anderer basiert, ist jedoch nötig, um sich selbst wahrzunehmen. Die Politologin und Philosophin Hannah Arendt (1965) nennt diesen Zustand »der stumme Dialog des Denkens«, eine Art Zwiegespräch mit sich selbst. Gesundheitliche Beschwerden, aufgrund derer ein öffentliches Leben nur noch teilweise oder auch gar nicht möglich ist, lassen diese Begrenzung auf die eigene Person noch deutlicher spürbar werden. Auch Denker und Denkerinnen können dies als Elfenbeinturm der Einsamkeit empfinden, der sie von anderen unterscheidet, ja abhebt.

Den Wunsch, mit anderen eins zu sein, kannten schon die griechischen Philosophen wie Platon. Das könnte dazu verleiten, sich nach außen, nach der »wahren« Ergänzung des eigenen Selbst zu richten. Immer auf der Suche nach der zweiten, der fehlenden Hälfte zu sein. Dieser Wunsch mag Einsamkeit dann weiter befördern, wenn das Ziel schier unerreichbar scheint. Vielmehr ist es hilfreich, den momentanen Gegebenheiten ins Gesicht zu sehen und am Einssein mit sich selbst zu arbeiten.

Gut zu sich selbst sein

Wie erfahren wir die Einheit mit uns selbst beziehungsweise Authentizität? Mit einer bewusst genossenen Aufmerksamkeit, die wir uns zugutekommen lassen – eine Tasse Tee oder eine erfrischende Dusche, einem Lob für das eigene Tun. Das Zelebrieren alltäglicher Momente durch sinnliche Wahrnehmung und bewusste Ausführung lässt die Aufmerksamkeit und Konzentration auf uns selbst und unser Tun einüben. Manche sprechen hier von Achtsamkeit. Beispielsweise bei der Essenszubereitung: die Auswahl des Essens bewusst treffen, die Zutaten mit Hingabe waschen, fühlen, wie das Schneidemesser in der Hand liegt und das Gemüse zerkleinert, die Ingredienzen mit Bedacht in den Topf füllen und der Bewegung beim Umrühren nachspüren. Sich selbst den Tisch fürstlich decken und bewusst das Gekochte Bissen für Bissen genießen. Dafür sollte genug Zeit sein. Der Fokus dieser Bewusstseinsübung liegt auf allem, was Freude macht.

ein und aus, bis Sie ein Gefühl für Ihren Atemrhythmus gewonnen haben. Stellen Sie sich nun beim Einatmen ein warmes Licht vor, das mit dem Atem durch Ihren Körper strömt und das beim Ausatmen alles Schwere von Ihnen nimmt. Spüren Sie, wie sich das Licht von Atemzug zu Atemzug mehr in Ihnen ausbreitet und alle dunklen Gedanken in Helligkeit verwandelt. Wiederholen Sie dies etwa 20 Mal und kommen Sie wieder zurück.

In der gefühlten individuellen Einsamkeit dürfen persönliche Interessen und Hobbys (wieder) mehr Raum einnehmen. Sich für neue Dinge interessieren, beispielsweise einer ehrenamtlichen Tätigkeit nachgehen oder sich in Bücher vertiefen, ein (Fern-)Studium absolvieren – es gibt zahlreiche Möglichkeiten, die positiven Seiten in sich selbst zu entdecken und zu stärken.

Eine andere Möglichkeit, sich selbst wahrzunehmen, besteht darin, auf unmittelbare Reaktionen zu achten, die sich im Kontakt mit sich selbst und anderen zeigen. Sie sind Indikatoren für eine bessere Beachtung des eigenen Ist-Zustands im jeweiligen Moment. Manchmal lösen sich durch diese Beobachtungen gelernte Muster von allein auf und man kann herzhaft lachen über einen immergleichen Fauxpas, der einem passiert. Das machen sich Lach-Yoga-Therapeut:innen zunutze: eingeübtes Lachen, das Leiden ad absurdum führt und davon befreit – für den Moment.

Das Helle im Dunklen sehen

»Das Glück deines Lebens hängt von der Beschaffenheit deiner Gedanken ab«, so philosophierte schon der römische Kaiser Marc Aurel. Denkt man stets an die Nachteile von Einsamkeit und dreht sich alles darum, ja, stellt man fest, dass Wunsch und Wirklichkeit ständig im Missverhältnis sind, kann sich die persönliche Sicht auf die Dinge verdunkeln. Bis hin zur Depression. Es ist deshalb wertvoll, die schönen Seiten der Stille sehen zu können. Die Ruhe in der Einsamkeit, die Möglichkeit, zu tun und zu lassen, was man möchte – um nur zwei zu nennen. »Egal ob du denkst, du kannst es oder du kannst es nicht, du wirst recht behalten«, sagte der Erfinder und Unternehmer Henry Ford über die Macht der Gedanken. Dahin gelangt man durch einen Perspektivwechsel. Mal aus den gewohnten Denkmustern heraustreten und sie von anderen Seiten aus betrachten. Ein Beispielgedanke: Statt »heute weiß ich gar nichts mit mir anzufangen« könnte die Botschaft auch lauten: »Ich erspüre genauer, wozu

es mich heute hinzieht – oder ich hole mir Anregungen. Ich stelle mir beispielsweise gedanklich eine Liste zusammen, in der ich alles, was ich schon immer entdecken wollte und was mir Spaß bereitet, sammle und tue.«

Und da ist noch etwas: Die Sache mit der Dankbarkeit. Es ist ein kluger Gedanke, dankbar auch für Kleinigkeiten zu sein. So empfindet man sein Leben eher als ausgefüllt, wenn man sich täglich daran erinnert, wie »Wert-voll« jeder einzelne Tag ist. Auch finden sich immer wieder kleine Begebenheiten des Alltags, für die man dankbar sein kann – für die Blumenpracht im Frühling, ein gutes Essen, kleine Aufmerksamkeiten.

Im Dialog mit sich selbst

Kommen wir auf Hannah Arendt zurück. Sie beschreibt die Wohltat des Alleinseins und dass wir unsere innere Stimme am besten hören können, wenn wir allein sind. Aus ihrem Werk »Vita activa oder vom tätigen Leben« stammt der Satz: »Einsam sein heißt, mit sich selbst zusammensein.« Sie erlebt das Alleinsein als Befreiung von der pluralistischen Vielfalt und plädiert für das Entdecken der Differenziertheit der eigenen Stimme. Dafür, diese zu kultivieren. Im Dialog mit sich selbst das Für und Wider einer Sache zu diskutieren. Das kann viele Qualitäten offenbaren, die man bei sich noch gar nicht entdeckt hat. Die Einsamkeit sei ihrer Ansicht nach der Zustand, in dem wir unsere Selbstzweifel, Ideen und Einsichten sortieren und zu neuen Erkenntnissen kommen können.

Die gestärkte Persönlichkeit – Resilienz ist lernbar

Was man nicht ändern kann, nehme man gelassen hin, was man ändern kann, packe man beherzt an. Innere Stärke hilft, auch mit besonderen Situationen wie der Einsamkeit umzugehen. Sie erwächst aus innerer Widerstandskraft, der sogenannten Resilienz. Die Forscherin Ursula Nuber sowie spä-

Hannah Arendt beschreibt die Wohltat des Alleinseins und dass wir unsere innere Stimme am besten hören können, wenn wir allein sind.

ter ausgearbeitet von Reivich und Shatté (2002) untersuchten diese Kraft, die uns über Wasser hält und schwimmen lehrt. Sie fanden Charaktereigenschaften, mit deren Hilfe sich Stress- und Krisensituationen bewältigen lassen, die sogenannten sieben Säulen der Resilienz. Interessant ist es, sich diese Eigenschaften einmal bewusst zu machen und sich selbst einzuschätzen. Welche Charaktermerkmale sind bei mir ausgeprägt und welche lassen sich noch vertiefen?

Die drei ersten Säulen – Grundhaltungen – sind dabei entscheidend für innere Stärke: Optimismus, Akzeptanz und Lösungsorientiertheit.

1. Den Fokus auf eine optimistische Einstellung setzen. Damit ist kein blindes Vertrauen gemeint, doch Vertrauen in sich selbst, zum Beispiel Einsamkeit auch als Bereicherung sehen zu können.

2. Akzeptanz der Situation. Die Einsamkeitsgefühle zunächst wahrnehmen (Selbstakzep-

Innere Stärke hilft, auch mit besonderen Situationen wie der Einsamkeit umzugehen. Sie erwächst aus innerer Widerstandskraft, der sogenannten Resilienz.

Norbert Spang

tanz) und auch Trauer darüber zulassen. Indem man sich mit dem Ist-Zustand einverstanden erklärt und ihn akzeptiert, wird der innere Widerstand gegen unliebsame Situationen wirkungslos.

3. Lösungsorientierung. Proaktives Handeln statt resignieren. Das ist manchmal leichter gesagt als getan. Die Probleme sehen, erkennen und dann nicht darin versinken, sondern nach Möglichkeiten suchen, sie zu bewältigen. Hinsichtlich des Alleinseins zum Beispiel einmal jemand Fremden ansprechen und ins Gespräch kommen. Das beflügelt auch die Selbstwirksamkeit.

4. Opferhaltung aufgeben. Sich auf die eigenen Stärken verlassen und handeln, anstatt sich zum Spielball anderer zu machen.

5. Verantwortung übernehmen. Manchmal ist es leichter, andere für die eigene Einsamkeit verantwortlich zu machen. Zum Beispiel einen Vorwurf an Freunde oder Familie zu richten, die nie Zeit für einen Besuch haben. Es ist eine Überlegung wert, ob schlichtweg Zeitmangel der anderen dahintersteckt oder ob man lieber nach eigenen Bekanntschaften suchen sollte.

6. Netzwerkorientierung. Sich selbst ein Netzwerk an Freunden und Bekannten oder auch an viralen Bekannten aufbauen, mit denen eine dauerhafte Kommunikation möglich ist.

7. Zukunftsplanung. Was tun in zukünftigen Krisensituationen, wenn Einsamkeitsgefühle zu stark werden? Wer steht mir bei? Wo kann ich mir Hilfe holen – und wie schnell? Adressen für Kommunikation bereithalten wäre eine Maßnahme.

So mit dem Schreiben des Artikels beschäftigt resümiere ich, dass auch ich diese ganze Zeit über mit mir allein war. Allein mit meinen Gedanken und Ideen. Es hat mir große Freude bereitet und ich habe mich nicht einsam dabei gefühlt – danke fürs Lesen!

Angela Paganini ist freie Journalistin, Autorin und Diplom-Designerin. Als Journalistin und Texterin arbeitet sie für Medien, Werbeagenturen und Unternehmen.

Kontakt: acp@paganini.de

Literatur

Arendt, H. (1960). Vita activa oder Vom tätigen Leben. Stuttgart.
Arendt, H. (1965/2006). Über das Böse. Eine Vorlesung zu Fragen der Ethik. München/Zürich.
Kompetenznetzwerk Einsamkeit (KNE). www.kompetenznetz-einsamkeit.de
Nuber, U. Die sieben Säulen der Resilienz. https://www.resilienz-akademie.com/nuber-sieben-saeulen/
Peplau, L. A.; Perlman, D. (1982). Loneliness. A sourcebook of current theory, research, and therapy. New York.
Reivich, K.; Shatté, A. (2002). The resilience factor. New York.

Die Gefangene im Turm

Eine Geschichte von der Einsamkeit. Und von deren Ende

Christina Schumacher

Der Turm stand zuoberst auf einem Hügel. Ein einsamer Turm auf einem einsamen Hügel. Einem einsamen Hügel, der die ganze einsame Insel ausmachte. Zu seinen Füßen umschloss ihn die See. Die immer gleichen Wellen brandeten an seine Ufer. Mal umspielten sie ihn zärtlich, mal rannten sie in wilder Wut gegen ihn an. Nichts veränderte sich jemals. Der Hügel und sein Turm ließen sich nicht erobern und nicht verführen und blieben einsam, wie das Meer.

Im Turm auf dem Hügel im Meer lebte eine Gefangene. Eine einzige Seele, verlassen, verbannt, allein mit ihren Gespenstern, ihren Geistern und Erinnerungen. Nur ein paar Möwen leisteten ihr Gesellschaft auf der kleinen, einsamen Insel. Flatterhafte Gestalten, die den Sturm liebten und den Turm umkreisten, wie es ihre Vorfahren seit Jahrhunderten schon taten.

Die Gefangene war aus eigenem Antrieb hier. Niemand, außer ihr selbst, hatte sie hierher verbannt. Keiner hielt sie in Gefangenschaft. Niemand jedenfalls, wenn man ihre Geister nicht zählte. Und ihren Schmerz. Sie konnte nicht fort. Die selbst gewählten Gefängnisse sind die sichersten.

Die Frau war vor langer Zeit auf die Insel gekommen. Damals war ihr Haar noch flammend rot gewesen, nun wurde es langsam weiß, wie die Federn der Möwen. So viele Jahre auf dieser einsamen Insel hatten nichts verändert, nichts verbessert. All die Zeit hatte einzig den Schmerz konserviert. Er stand eingelagert auf dem höchsten Rand ihres Turmes, aber kein Sturm trug ihn fort. Vielleicht war er zu schwer. Nur leichte Dinge segelten mit dem Sturm. Und intelligente. Bei den Möwen war sie sich nicht sicher, was von beidem es war.

Sie war hierhergekommen – oder vielmehr hierher geflohen –, als es keine andere Option mehr gab. Als es nichts mehr zu gewinnen und ganz bestimmt nichts mehr zu verlieren gab. Als ihr nichts anderes mehr übrig blieb, als zu fliehen, selbst auf die Gefahr hin, dass ihr Zufluchtsort nur eine andere Art von Gefängnis sein würde.

Sie hatte so lange gekämpft. Aber wir Menschen können einander nicht retten. Egal, wie sehr wir lieben. Im besten aller Fälle retten wir einfach uns selbst. Vielleicht war die Gefangene vom Turm deswegen zur Insel gekommen. Um sich selbst zu retten. Oder zumindest das, was von ihr noch übrig war. Aber sie hatte mitgenommen, was zu ihr gehörte, was sie ausmachte, alles, was ihr noch geblieben war. Ihr Schmerz gehörte unabdingbar dazu. Das wollte sie nicht wahrhaben und so hatte sie sich selbst und ihre Seele verbannt, um sich vor neuem Schmerz, vor Leid und Traurigkeit zu schützen.

Wo man aber ans letzte Ende der Welt läuft, auf eine einsame Insel im sturmumtosten Meer, wo man alle Brücken hinter sich verbrennt, dort findet einer auch keine Freude, kein Glück mehr. Sie wusste es, die kleine Gefangene. Es war ihr egal. Sie suchte keine Freude.

Nur Ruhe.

Ruhe.

Und dass die Gespenster endlich Frieden gaben. Keine Fragen mehr stellten. Keine Anklage erhoben.

Zuweilen, wenn die Nebel vom Meer hoch stiegen, wenn sie die Insel und den Hügel und den Turm langsam zu ertränken suchten, glaubte die Frau, die Geister seien nun aus der See gestiegen,

Leidfaden, Heft 3 / 2024, S. 79–81, ISSN (Printausgabe): 2192-1202, ISSN (online): 2196-8217, © 2024 Vandenhoeck & Ruprecht

um sie zu holen. Dann schrie sie. Aus Angst. Aus Elend. Aus Wahnsinn vielleicht auch.

Und die Möwen lachten. Möwen sind wirklich schwierige Gefährten für eine traurige Seele.

So ging es jahrein und jahraus. Die Insel war kein Ort zum Leben, der Turm kein Zuhause. Ihr Aufenthaltsort war im besten aller Fälle eine Zwischenstation, ein verlassener Bahnhof mit zwei Gleisen. Ein Niemandsland für Seelen, die sich noch nicht entschieden hatten. Weder für das Leben. Noch für den Tod.

Manchmal zog weit entfernt am Horizont ein Schiff vorbei. Zu Beginn hatte sich die Frau noch versteckt, wenn sie eines sah. Aber die Schiffe hatten kein Interesse. Weder an der winzigen Insel noch an dem verlassenen Turm und schon gar nicht an seiner einsamen Bewohnerin. Die Welt hatte schlicht vergessen, dass es sie gab.

Die Jahre gingen vorbei, die Möwen kreischten und drehten sich um den Turm, und auf seinem Dach, zwischen den Zinnen, lag der konservierte Schmerz. Die Wellen liefen gegen die Insel an, der Sturm sang sein altes Lied und der Hügel stand still und starr an seinem Platz. Die Geister kamen und gingen, wie es ihnen gefiel und wie es Geister eben so tun.

Es hätte so weitergehen können bis zum Ende. Bis zum Tod der einsamen Gefangenen, die nicht festgehalten wurde. Bis zum Zerfall des alten Turmes. Bis gänzlich neue Generationen von Möwen auf der Insel lebten, die nichts mehr wussten von einer Frau mit einst flammendrotem Haar. Es wäre die wahrscheinlichste Version der Geschichte gewesen.

Aber so war es nicht.

Eines Tages – er war nicht schöner und nicht hässlicher als andere Tage –, an einem ganz gewöhnlichen Tag also mit Möwen in der Luft, Wellen auf dem Wasser und Wolken am Himmel bekam die Gefangene auf der Insel Besuch. Der Besuch kam nicht mit dem Schiff und fiel auch nicht vom Himmel. Die Frau wusste im Nachhinein nicht mehr, woher er überhaupt gekommen war.

Der Besucher war tatsächlich eine Besucherin. Sie war einfach plötzlich da – und gleichsam auch nicht da. Sie war wie ein Schleier, der sich über die Insel legte, ein bisschen unheimlich vielleicht, aber an die unheimlichen Dinge hatte sich die Frau längst gewöhnt. Sie benötigte einige Zeit, um zu verstehen, wer hier zu Besuch ge-

kommen war. Weil es so unglaublich war, nach all der Zeit, so unerwartet – und auch so schön.

Die Besucherin, die endlich gekommen war, an die niemand mehr geglaubt hatte, nicht die Frau und ganz bestimmt nicht die Möwen (aber Möwen haben auch wenig Sinn für solche Dinge), war … die Hoffnung!

AI-generiert

Urplötzlich stand die Hoffnung auf der Insel. Sie war wie ein wärmender Sonnenstrahl und alles sah mit einem Mal ganz anders aus in ihrem Licht. Das Meer, die Insel, der Turm, die Möwen. Im Besonderen jedoch der eingelagerte Schmerz auf dem Dach des Turmes. Als die Hoffnung kam, veränderte sich der Schmerz. Er ging nicht fort, er schmolz nicht wie Schnee in der Sonne. Aber er wurde durchsichtig und fast ein bisschen schön.

Die Frau stand zuoberst auf dem Turm und schaute ihren Schmerz an. Diesen Schmerz, der immer zu ihr gehören würde, immer ein Teil von ihr sein würde, der aber plötzlich so leicht aussah. Sie legte schützend die Hand auf ihn. »Warum machst du das?«, fragte die Hoffnung, »wolltest du nicht all die Jahre, dass er davonfliegt?« »Er gehört zu mir«, antwortete die Frau, »ohne ihn bin ich nicht ganz.«

Es war dieser eine Moment, in dem sie verstand, dass sie keine Gefangene mehr war. Dass sie ihren Schmerz nehmen und hingehen konnte, wo immer sie wollte. Dass der Schmerz sie nicht mehr festhielt und auch nicht mehr zu schwer zum Tragen war. Und noch etwas verstand sie – unheimlich nicht minder: Ihre Geister waren fort. Die Gespenster mit all ihren Fragen, mit all ihren Anklagen. Vielleicht waren sie mit dem Wind davongesegelt, weil sie so leicht geworden waren. Es war in Ordnung, die Frau vermisste sie nicht.

»Komm!«, sagte sie zur Hoffnung, »es ist Zeit zu gehen.« Die beiden gingen davon, Hand in Hand. Die ehemalige Gefangene in der Einsamkeit und die Hoffnung, die sie frei gemacht hatte.

Und die Möwen lachten. Dieses eine Mal war ihr Lachen echt.

Christina Schumacher ist diplomierte Pflegefachfrau und Autorin. Ihr Schreiben dreht sich im Besonderen um historische Frauenschicksale aus ihrer Heimat Graubünden. Sie lebt mit ihren beiden Söhnen in Bern.

Kontakt: christina.schumacher@sbk-asi.ch

Labyrinth Einsamkeit

Ein Bildungsgang sucht nach Wegen

Petra Rösler

In einem Labyrinth gefangen zu sein und keinen Weg hinauszufinden, ist eine alte menschliche Angst. In der griechischen Mythologie erhielt Theseus von Ariadne dazu einen Faden, um den Ausgang zu finden und nicht im Labyrinth umzukommen. Heute scheint die Angst, mitten im Leben zu vereinsamen, riesig und statistisch gesehen auch berechtigt: Im Labyrinth unserer vielfältigen, schnellen, immer individuelleren Lebenskontexte sitzt das Ungeheuer Einsamkeit. Viele suchen für sich selbst oder im Rahmen eines Projekts, einer Organisation nach rettenden Auswegen – und damit nach einem Faden oder einer Landkarte. Dieses Anliegen haben wir im Kardinal König Haus 2020, noch ganz unter dem Eindruck des »Einsamkeits-Turbos« Corona, aufgegriffen und – in Kooperation mit fünf großen Wohlfahrtsorganisationen – überlegt, wie Bildung bei dieser Suche nach Auswegen unterstützen könnte.

Bildung als »Gewebe« von Wahrnehmungen und Impulsen

Schnell wurde uns angesichts der geradezu überwältigenden Komplexität des Themas klar, dass wir nicht mit einem einzelnen (Leit-)Faden auskommen würden, sondern eine Vielfalt, gleichsam ein Gewebe von Fäden brauchten. Es galt, in der großen Landschaft der Einsamkeiten gemeinsame Muster und Wege zu erkennen und individuell eigene »Road Maps« zu zeichnen. So vielfältig wie die Gründe und Formen von Einsamkeit wollten wir das Angebot für die Teilnehmenden gestalten, die wir auch möglichst divers und aus interdisziplinä-

ren Kontexten kommend dachten. So entstand ein sehr bunter Mix aus Impulsen, digitalen Exkursionen, einem Marktplatz und vor allem aus Coaching-Gruppen. Diese sollten Gelegenheit bieten, an eigenen Vorhaben mit Beratung und Peer-Austausch zu arbeiten. Im Lehrgangsteam[1] war dafür vielfältige Expertise aus Caring Communities, Demokratiebildung, Sozialmanagement, Biografiearbeit und Freiwilligenkoordination versammelt.

Das geht uns alle an!

Ein Anliegen verband uns von Anfang an: Wir wollten nicht nur auf Projekte fokussieren und Einzelmaßnahmen entwickeln, wir wollten direkt ins Herz des Labyrinths vordringen und von dort verstehend weitergehen. Somit wollten wir das Labyrinth nicht (wie es häufig verstanden wird) im Sinne eines Irrgartens mit Fallen und Sackgassen betrachten, sondern als spirituellen Raum. Dieses Verständnis eines Labyrinths[2] umfasst die drei Abschnitte *Hineingehen – Ruhen – Hinausgehen* und diese wollten wir mit dem Bildungsgang auch abbilden. Sehr eindrücklich zeigte sich schon beim ersten Planungstreffen, wie das Hineingehen aussehen sollte: eine Annäherung über die eigenen Erfahrungen von Einsamkeit, ein Hinspüren und Austauschen biografischer Momente. In der Praxis war dieser Auftakt mit persönlicher Reflexion sicher ein Schlüssel für die Art der folgenden Lern- und Entwicklungsschritte. Einsamkeit war plötzlich nicht mehr etwas, aus dem man andere holen wollte, ein Problem, das nach Lösungen verlangte, sondern etwas zutiefst Verbindendes.

Leidfaden, Heft 3/2024, S. 82–85, ISSN (Printausgabe): 2192-1202, ISSN (online): 2196-8217, © 2024 Vandenhoeck & Ruprecht

Hospizliche Haltung hilft

In diesem Herangehen und Verweilen wurde auch sehr deutlich, wie passend das Angebot im Bildungsbereich Hospiz angesiedelt war. Wir verstanden Einsamkeit als etwas, das zur Conditio humana gehört, etwas zutiefst Menschliches. Dabei durchaus auch existenziell verunsichernd, bedrohlich, sogar stigmatisierend. Und, ganz im Sinne der Hospizbewegung, als etwas, das unsere Solidarität, unser füreinander Da-Sein braucht. Etwas, das nicht (nur) den Spezialisten gehört, sondern der Zivilgesellschaft, dem sorgenden Miteinander. Der zentrale hospizliche Moment wäre dann das Mitverweilen im Inneren des Labyrinths, das miteinander Aushalten des Schmerzes, der Einsamkeit begründet oder sogar zementiert. Und das Aushalten, dass der Weg hinaus manchmal (noch) nicht gangbar ist. Die Akzeptanz, dass es eine Art von Einsamkeit gibt, die sich nicht wegmachen lässt, wenn etwa im hohen Alter viele liebe Menschen schon gestorben sind, nach dem Verlust eines Partners oder bei Jugendlichen nach einer Mobbing-Erfahrung.

Es war eine große Herausforderung, diese Haltung in den Mittelpunkt des Bildungsgangs zu stellen – wo doch Organisationen als Ergebnis gern eine Projektskizze sehen würden. Aber schon im ersten Coaching und später bei den Abschlusspräsentationen zeigte sich, dass dieser hospizliche Zugang passend und wirksam war.

Die »arge Frage«

Schon bald kristallisierte sich in den Diskussionen eine Frage heraus, die von den Teilnehmer*innen selbst als »arg« (im Sinne von ungehörig) tituliert wurde: »Ist Einsamkeit nicht auch selbst verschuldet?« Hier waren wir nun tatsächlich im Inneren des Labyrinths angekommen, auch gesellschaftspolitisch. Das war uns als Leitungsteam durchaus recht, denn damit konnten wir noch viel genauer auf den oft toxischen Mix aus Scham, Trauer, Exklusion, individuellen Biografien und Prägungen

blicken. Ohne diesen Blick käme man in Versuchung, eine Abkürzung über pauschale Angebote zu nehmen und damit doch an vielen Personen vorbeizuplanen. Denn die Einbindung einsamer Menschen beim Finden von Wegen aus dem Labyrinth ist ebenso schwierig wie essenziell.

Ein dichtes Wegenetz

Die Wege, die wir den Teilnehmenden im Rahmen von Impulsen, Seminaren und digitalen Exkursionen vorstellten, waren ausgesprochen vielfältig. Manchmal überraschend, wie die profitorientierte Herangehensweise der britischen Post, die mit fünf Fragen an der Wohnungstür und dahinter liegendem Helfernetzwerk Einsamkeit gegen eine kleine Gebühr adressiert[3]. Oft ermutigend, wie der ressourcenorientierte Ansatz von Nachbarinnen in Wien[4] und bei den Friendship Benches in Zimbabwe[5]. Auch die Kombination mit partizipativer Gesundheitsförderung wie bei den Men's Sheds[6] in Irland war inspirierend. Am schönsten aber waren für uns im Team die Wege, die uns die Teilnehmenden selbst bei den Abschlüssen der beiden Bildungsgänge (2021/22 und 2022/23 mit insgesamt 42 Teilnehmenden) präsentierten. Durchgängig fand sich der Moment des Innehaltens: als Durchleuchten der Einsamkeitserfahrungen bei den Klient*innen, als Suche nach bestehenden Angeboten im eigenen Umfeld, als Sensibilisierung in Teamsitzungen, als Zusammentragen von Meinungen und Ideen.

Drei Wege, die für die vielen stehen, die entwickelt und beschritten wurden, seien hier erwähnt: Bei der Caritas Wien wurde die Einsamkeit von Menschen mit Behinderung durch »Nicht sichtbar Sein im öffentlichen Raum« adressiert. Heute helfen diese bei der Verteilung von gespendeten Lebensmitteln und werden so nicht nur sichtbar, sondern auch helfend wirksam. Eine Teilnehmerin entwickelte ein Gesprächsformat, um bei Teamsitzungen von psychosozialen Berater*innen Einsamkeit systematisch ins Gespräch zu bringen. Und ein Vorhaben nahm die Mitarbeiter*innen

Der zentrale hospizliche Moment ist das Mitverweilen im Inneren des Labyrinths. Das miteinander Aushalten des Schmerzes, der Einsamkeit begründet oder auch zementiert.

LoggaWiggler / Pixabay

im Tourismus in den Blick und entwickelte ein Format, um sie rascher an einem neuen Arbeitsort in Kontakt zu bringen.

Wie im Labyrinth – so im Leben

Das spirituelle Bild des Labyrinths möchte ich allen mitgeben, die sich der Einsamkeit in ihrem beruflichen oder sozialräumlichen Umfeld zuwenden. Die Beschäftigung mit dem Thema erfordert ein Hineingehen in die eigene Betroffenheit, ein genaues Hinsehen und Innehalten. Aber so eröffnen sich auch neue Perspektiven auf achtsames, hospizliches Miteinander Sein und Gehen:

> *»Auf dem Weg sein, immer unterwegs sein,*
> *gangbare Wege suchen, neue Wege gehen*
> *und umkehren können,*
> *wenn man sich verrannt hat.*
> *Weggefährten suchen,*
> *Menschen, die ein Stück mitgehen.«*
> *(Rudolf Otto Wiemer)*

Mag.ᵃ **Petra Rösler,** Sozialexpertin für Alter und Pflege bei der Diakonie Österreich, davor viele Jahre Bildungsmanagerin für Demenz und Freiwilligenkoordination im Kardinal König Haus und Koordinatorin eines demenzfreundlichen Bezirks in Wien 13.

Kontakt: petra.roesler@diakonie.at

Anmerkungen

1 Als Coaches sagten uns mit Begeisterung zu: Gert Dressel, Robert Gerstbach-Muck, Daniela Musiol und Katharina Novy. Die Leitung teilten sich Patrick Schuchter und Petra Rösler.
2 https://jakobsweg.ch/de/eu/ch/pilgertheologie/wege-entdecken/themenwege/labyrint/
3 https://www.callandcheck.com
4 https://nachbarinnen.at
5 https://www.friendshipbenchzimbabwe.org
6 https://menssheds.ie

Einsamkeit und Trauer
Erkenntnisse aus der
Trauerforschung

Heidi Müller

Einsamkeit kann die physische und psychische Gesundheit von Menschen jeden Lebensalters beeinträchtigen (Hawkley und Cacioppo 2010). Im Zusammenhang mit dem Tod einer Bezugsperson berichten Betroffene immer wieder von Einsamkeit. Denn der Tod einer nahestehenden Person hinterlässt häufig eine große Lücke im Leben der Hinterbliebenen. Einige Studien (zum Beispiel Pitman et al. 2020; Fried et al. 2015) zeigen, dass der Umgang mit Einsamkeit eine entscheidende Rolle bei der Anpassung an die neue Lebenssituation spielt. Doch es besteht wenig Einigkeit in der Fachliteratur bezüglich der genauen Rolle und Funktion, die Einsamkeit im Anpassungsprozess einnimmt. In diesem Artikel wird auf Basis des systematischen Reviews von Vedder et al. (2022) der aktuelle Kenntnisstand zum Thema Einsamkeit nach einem Todesfall kurz zusammengefasst.

Einführung

Menschen, die unter Einsamkeit leiden, erleben sich häufig als innerlich leer und fühlen sich von anderen abgeschnitten. Die Wissenschaftler De Jong Gierveld und Van Tilburg (2010) definieren Einsamkeit als ein subjektives, negatives Gefühl, das durch den Mangel an sozialen Beziehungen hervorgerufen wird. Die Bindungstheorie betont die evolutionäre Funktion von Einsamkeit. Da andere Menschen für das eigene Überleben wichtig sind, dient Einsamkeit auch als Anreiz, mit ihnen in Kontakt zu treten.

In der Fachliteratur werden häufig zwei Unterkategorien unterschieden: soziale und emotionale Einsamkeit. Weiss (1973) war der erste Autor, der diese Unterscheidung getroffen hat. Unter emotionaler Einsamkeit versteht er die wahrgenommene Abwesenheit emotionaler oder intimer Bindungen und die Sehnsucht danach. Unter sozialer Einsamkeit versteht er das erlebte Fehlen eines sozialen Netzwerks und die Sehnsucht danach. Es ist nützlich, zwischen beiden Unterkategorien zu unterscheiden. So hat sich etwa in einer frühen Studie von Stroebe et al. (1996) gezeigt, dass nach dem Verlust des Partners/der Partnerin emotionale Einsamkeit das Auftreten von Depressionen und somatischen

Leidfaden, Heft 3/2024, S. 86–88, ISSN (Printausgabe): 2192-1202, ISSN (online): 2196-8217, © 2024 Vandenhoeck & Ruprecht

Beschwerden begünstigt hat. Soziale Einsamkeit hatte darauf kaum Einfluss. Die Unterstützung durch andere Personen milderte die emotionale Einsamkeit nicht. Mit Bezug auf bindungstheoretische Annahmen ließe sich sagen, dass Menschen, die eine wichtige Bezugsperson verlieren, diesen Verlust nicht durch die Unterstützung von Familie und Freundeskreis kompensieren können. Vielmehr ist Bindungsunsicherheit eng mit dem Erleben von emotionaler Einsamkeit verbunden.

Die Klassifikationssysteme ICD-11 und DSM-5-TR enthalten beide eine trauerspezifische Diagnose namens Prolonged Grief Disorder (PGD). Dabei stellt Einsamkeit in der ICD-11 jedoch kein Diagnosekriterium dar, während im DSM-5-TR intensive Einsamkeit als Folge des Verlustes Teil des Kriteriums C darstellt. Hier besteht also keine Übereinstimmung.

Ausgewählte Ergebnisse des systematischen Reviews

a) Das Auftreten von Einsamkeit variiert. So haben einige Studien gezeigt, dass sie nach einem Trauerfall sehr häufig auftritt. Andere Studien kamen zu dem Schluss, dass sie mäßig bis stark verbreitet ist.

b) Einsamkeit bei Hinterbliebenen wird wahrscheinlich stark von kulturellen Normen und rituellen Praktiken beeinflusst.

c) Im Rahmen eines Trauerprozesses scheint es unterschiedliche zeitliche Verläufe von Einsamkeit zu geben. So gibt es Hinweise darauf, dass die Einsamkeit direkt nach einem Verlust am größten ist, gefolgt von einer langsamen Abnahme im Laufe der folgenden Monate. Bei einigen Hinterbliebenen blieb Einsamkeit über Jahre hinweg ein Problem. Dies scheint jedoch eher bei emotionaler als bei sozialer Einsamkeit der Fall zu sein.

d) Zahlreiche Faktoren wirken auf das Erleben von Einsamkeit ein. Darunter etwa die allgemeinen Lebensumstände, intrapersonelle, interpersonelle und bewältigungsspezifische Faktoren. So gibt es Hinweise darauf, dass ein flexibler Bewältigungsstil, der sowohl die Auseinandersetzung mit dem Verlust als auch mit dem neuen Leben beinhaltet, als schützende Ressource angesehen werden kann. Weitere Faktoren wie etwa Selbstwertgefühl, Lebenszufriedenheit oder auch der Bindungsstil (vermeidende wie auch ängstliche Bindungsstile = höhere Einsamkeit) haben auch Einfluss auf das Erleben. Über Schutzfaktoren ist kaum etwas bekannt.

e) Viele Studien haben gezeigt, dass zunehmende Einsamkeit mit einer schlechteren mentalen und körperlichen Gesundheit verbunden ist. Schwere depressive Erkrankungen, posttraumatische Belastungsstörung und Prolonged Grief Disorder wurden mit mehr Einsamkeit in Verbindung gebracht.

f) Es gibt nur eine Interventionsstudie, die einen Zusammenhang zwischen psychotherapeutischer Intervention und nachlassender Einsamkeit aufzeigt. Ansonsten fehlt es an Interventionsstudien.

Schlussfolgerung

Einsamkeit scheint ein zentrales, vielleicht sogar das zentrale Erlebnis von Hinterbliebenen zu sein. Das Erleben von Einsamkeit ist mit Schwierigkeiten bei der Anpassung an die neue Lebenssituation verknüpft. Es braucht weitere Forschung, um den Kenntnisstand erweitern und nachweislich wirksame Interventionen für Betroffene entwickeln zu können.

Heidi Müller, Diplom-Politologin, ist Herausgeberin des Newsletters »Trauerforschung im Fokus« und arbeitet als wissenschaftliche Mitarbeiterin und Trauerberaterin am Trauerzentrum Frankfurt.

Kontakt: heidi.mueller@trauerforschung.de

Literatur

De Jong Gierveld, J.; Van Tilburg, T. (2010). The De Jong Gierveld short scales for emotional and social loneliness: Tested on data from 7 countries in the UN generations and gender surveys. In: European Journal of Ageing, 7, S. 121–130. doi: 10.1007/s10433-010-0144-6.

Fried, E. I.; Bockting, C.; Arjadi, R.; Borsboom, D.; Amshoff, M.; Cramer, A. O.; Epskamp, S.; Tuerlinckx, F.; Carr, D.; Stroebe, M. (2015). From loss to loneliness: The relationship between bereavement and depressive symptoms. In: Journal of Abnormal Psychology, 124, 2, S. 256–65. doi: 10.1037/abn0000028.

Hawkley, L. C.; Cacioppo, J. T. (2010). Loneliness matters: A theoretical and empirical review of consequences and mechanisms. In: Annals of Behavioral Medicine, 40, S. 218–227. doi: 10.1007/s12160-010-9210-8.

Pitman, A. L.; King, M. B.; Marston, L.; Osborn, D. P. J. (2020). The association of loneliness after sudden bereavement with risk of suicide attempt: A nationwide survey of bereaved adults. In: Social Psychiatry and Psychiatric Epidemiology, 55, 8, S. 1081–1092. doi: 10.1007/s00127-020-01921-w.

Stroebe, W.; Stroebe, M.; Abakoumkin, G.; Schut, H. (1996). The role of loneliness and social support in adjustment to loss: A test of attachment versus stress theory. In: Journal of Personality and Social Psychology, 70, S. 1241–1249. https://doi.org/10.1037/0022-3514.70.6.1241.

Vedder, A.; Boerner, K.; Stokes, J. E.; Schut, H. A. W.; Boelen, P. A.; Stroebe, M. S. (2022). A systematic review of loneliness in bereavement: Current research and future directions. In: Current Opinion in Psychology, 43, S. 48–64. doi: 10.1016/j.copsyc.2021.06.003.

Weiss, R. S. (1973). The experience of emotional and social isolation. Cambridge, MA.

»Einsamkeit rund um den Tod hat viele Facetten«

Interview mit Laura Letschert und Julia Felicitas Allmann

Mit ihrem Buch »BYE – Wir sprechen von Tod, Abschied und dem, was bleibt« möchten Laura Letschert und Julia Felicitas Allmann die Themen Tod und Sterben enttabuisieren – und sie (wieder) mehr in die Gesellschaft und das alltägliche Leben integrieren. Dafür haben sie 15 sehr persönliche Gespräche mit Menschen geführt, die ganz unterschiedliche Berührungspunkte mit dem Tod haben – dabei kam auch immer wieder Einsamkeit zur Sprache. Dr. Sylvia Brathuhn, Mitherausgeberin von »Leidfaden«, führte das Interview. Darin berichten die Autorinnen, woher der Impuls für ihr Buch kam und welche Verbundenheit entstehen kann, wenn wir alle mehr über den Tod und unsere persönlichen Verluste sprechen.

Laura Letschert und Julia Felicitas Allmann (2024).
BYE – Wir sprechen von Tod, Abschied und dem, was bleibt.
Leipzig: Palomaa Publishing, 294 Seiten

Leidfaden: *In eurem Buch stellt ihr euch den Fragen und Themen der Endlichkeit. Wie seid ihr zu dieser Idee und auch zueinander gekommen?*

JULIA FELICITAS ALLMANN: Ursprünglich kennengelernt haben wir uns auf einem Workshop, den Laura 2018 als Coach in den Niederlanden gegeben hat. Es war ein Wochenende, um sich selbst und den eigenen Herzenswünschen näher zu kommen, und wir haben gemeinsam in einem Haus direkt in Strandnähe gewohnt. Ich war Teilnehmerin und habe im Nachgang einen Artikel über Lauras Arbeit geschrieben. Wir sind uns also in unseren Rollen als Coach und Journalistin begegnet und neben kleinen beruflichen Projekten ist eine Freundschaft gewachsen. Kurze Zeit haben wir sogar beide in Köln gewohnt, bevor Laura mit ihrem Partner nach Barcelona gezogen ist. Zu der Zeit hätten wir nie gedacht, dass wir mal zusammen ein Buch schreiben.

LAURA LETSCHERT: Als ich Julia 2020 auf der Durchreise zu einem Workshop in Köln besuchte, saßen wir abends zusammen auf der Couch und haben auf ihr erstes Buch »Jeden Tag die Welt retten« angestoßen. Sie fragte mich, ob ich nicht auch ein Buch schreiben wolle. Als sie mich so fragte, kam ein Wunsch an die Oberfläche, den ich schon lange in mir hatte: Ich wollte mit unterschiedlichen Menschen über die Endlichkeit des Lebens sprechen und diese Gespräche festhalten – weil ich davon überzeugt war, dass solche Begegnungen und Erfahrungen zumindest mein eigenes Leben bereichern. Die Faszination für den Sinn des Lebens, der für mich ganz eng mit dem Tod verknüpft ist, hatte ich wohl schon als junges Mädchen.

JULIA FELICITAS ALLMANN: Ich war von der Idee direkt berührt und begeistert, gleichzeitig habe

Leidfaden, Heft 3 / 2024, S. 89–91, ISSN (Printausgabe): 2192-1202, ISSN (online): 2196-8217, © 2024 Vandenhoeck & Ruprecht

ich gemerkt, dass sich dabei auch ganz viel in mir rührt, weil die Themen »Tod« und »Verlust« mich bis zu diesem Zeitpunkt in meinem Leben eher verunsichert haben und ich sie nicht so nah an mich ranlassen wollte. Ich hatte großen Respekt davor und habe gleichzeitig gewusst, dass es ein ganz wertvolles Buch sein kann. Und ich war mir sicher, dass Laura gute Gespräche führen wird.

LAURA LETSCHERT: Julia hat mich ermutigt, diese Idee anzugehen und nicht aufzuschieben, und mir angeboten, dass sie sich mit ihrer Erfahrung als Journalistin und Autorin einbringt – und wir dieses Buch gemeinsam schreiben. »BYE« wäre also ohne die jeweils andere nicht zustande gekommen.

Leidfaden: Ihr habt, wie gerade erwähnt, mit verschiedenen Menschen gesprochen, die von ihren Abschieds- und Lebensgeschichten erzählen. Und ihr beendet euer Nachwort mit dem Satz: »Deshalb sind wir überzeugt, dass die Gespräche am Ende dieses letzten Kapitels nicht zu Ende sind – sie fangen gerade erst an.« Warum sind Gespräche der zentrale Punkt in eurem Buch?

LAURA LETSCHERT: Wir wollten ein Muster auflösen, das die meisten Menschen kennen oder erleben: Der Tod löst in vielen von uns erst mal bedrückende Gefühle aus, möglicherweise Angst, Wut, Schmerz, Traurigkeit, Scham. Egal, welche Gefühle da sind – wir machen sie meistens im Stillen mit uns selbst aus, aus Sorge vor Ablehnung oder weil wir unsere Mitmenschen vor diesen Gefühlen schützen wollen. Dadurch ziehen wir uns womöglich noch mehr in uns zurück. Wenn wir aber mit unserer Geschichte ins Außen gehen, dann ist es auf einmal nicht mehr dieser innere Kampf, den wir mit uns selbst austragen oder auch aushalten. Wir haben mit jedem Gespräch in dem Buch die Erfahrung gemacht, dass es den Gesprächspartner:innen total gut getan hat, ihre Geschichte zu teilen, Rückmeldung zu bekommen, gemeinsam zu lachen und zu weinen – gemeinsam wird vieles ein Stück leichter.

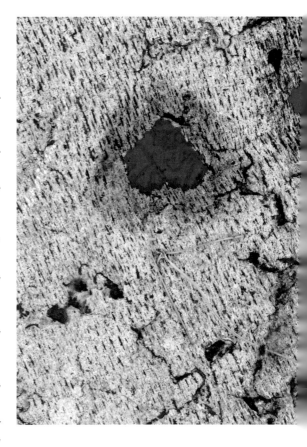

Und unsere Intention war es, dass wir durch dieses Format auch unsere Leser:innen zu mehr alltäglichen Gesprächen zur Endlichkeit ermutigen. So war schon zu Beginn unsere Wunschvorstellung, dass »BYE« auf dem Couchtisch einer Person liegt und eine befreundete Person, die zu Besuch kommt, dieses Buch entdeckt und die Neugier und Offenheit geweckt sind. So kann ein leichter Einstieg in ein möglicherweise sehr tiefgründiges Gespräch gelingen.

Leidfaden: Wir widmen uns in dieser Leidfaden-Ausgabe dem Thema »wunde Einsamkeit – Sehnsucht nach Verbundensein«, das ihr auch gerade schon angesprochen habt. Welche Facetten der Einsamkeit sind euch in den Gesprächen für euer Buch begegnet?

JULIA FELICITAS ALLMANN: Ich denke gerade an Sabina, eine Frau, die von der Erfahrung sprach, dass sie nach dem Verlust ihres Mannes plötzlich

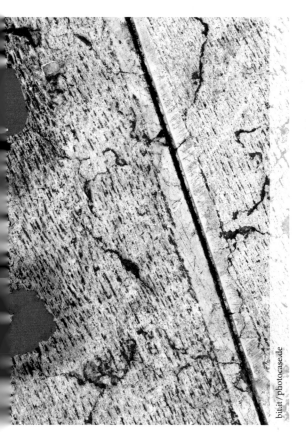

bitit / photocase.de

störung keine sozialen Kontakte mehr hat und ihr Hauskater das für sie einzige und letzte Band zum Leben ist. Einsamkeit rund um den Tod hat also viele Facetten.

Leidfaden: Welches Verbundensein (oder: Welches Gefühl der Verbundenheit) hat euch persönlich das Buch geschenkt?

Julia Felicitas Allmann: Zum einen eine andere Art des Verbundenseins mit Menschen, denen wir von unserem Buch erzählt haben – egal, ob im Familien- oder Freundeskreis, aber auch bei alltäglichen Unterhaltungen auf dem Spielplatz oder im Taxi auf der Fahrt zum Bahnhof. Gleichzeitig die Verbundenheit zu unserem eigenen Leben sowie zum Tod und den Fragen, die es dort noch für uns persönlich zu entdecken gibt.

Laura Letschert: Die Verbundenheit zu den Menschen, die uns für »BYE« in ihre Leben und Herzen gelassen haben. Aus einem ersten Gespräch sind schon jetzt prägende Verbindungen gewachsen. Und letztlich hat die Entstehung dieses Buch auch unsere Freundschaft geprägt und uns gezeigt: Sich einer Aufgabe zusammen zu stellen, heißt nicht, das Gleiche zu erleben, zu denken und zu fühlen, sondern den Weg gemeinsam gehen zu können und sich dabei sogar noch ein Stück näher zu kommen.

nicht mehr auf alle Veranstaltungen oder Feiern im Bekanntenkreis eingeladen wurde, weil sie nun die Alleinstehende war. Außerdem erzählte eine Protagonistin, wie sie sich mit ihren suizidalen Gedanken sehr einsam gefühlt hat. Von einer anderen Person wird die Trauer selbst als Wunde beschrieben, die nie richtig verheilt – da wird deutlich, dass der Schmerz sich verändert, aber nie vergeht.

Einsamkeit kann auch schmerzvoll sein, weil wir auf einmal als Mensch auf ein einziges Merkmal reduziert werden. So erzählt Philipp, der 2017 an ALS erkrankte, davon, dass seine Mutter ihn mit den Worten vorstelle: »Das ist Philipp, unser kranker Sohn.« Er beschreibt sehr deutlich, dass für ihn Mitgefühl etwas anderes ist als Mitleid und dass genau dieses Mitleid einen ausschließt, obwohl es wahrscheinlich die gegenteilige Absicht hat. Und eine weitere Protagonistin, die sich für sich ein selbstbestimmtes Lebensende wünscht, berichtete uns offen, dass sie durch eine Angst-

Julia Felicitas Allmann lebt als freie Journalistin und Buchautorin in Köln. Sie widmet sich in ihren Texten vor allem den Themen Nachhaltigkeit, bewusste Lebensgestaltung und female empowerment. Sie ist Mutter von zwei Kindern.

Kontakt: mail@juliafelicitasallmann.de
Website: www.juliafelicitasallmann.de

Laura Letschert lebt als Coach für Veränderungsprozesse mit ihrem Partner aktuell in Warschau. Sie erlebt, dass uns Menschen über Landesgrenzen hinweg viel verbindet und welche Veränderungskraft ein gemeinsamer Funke der Begeisterung hat.

Kontakt: mail@lauraletschert.de
Website: www.lauraletschert.de

Trauer in Formen und Farben

Rainer Simader

Cornelia Steinfeld (2023). Trauer in Formen und Farben. Regensburg: Schnell & Steiner, Regensburg, 96 Seiten

Cornelia Steinfeld, studierte Grafik-Designerin, nähert sich mit diesem Buch dem komplexen Thema »Trauer« an. Das knapp 100 Seiten umfassende Werk besticht durch seine Klarheit: Wiederholend finden sich auf thematischen Doppelseiten jeweils ein Gedanke aus der Bibel sowie ein Impulstext zum Thema »Trauer« von verschiedenen Autor:innen (linke Seite) und eine ganzseitige, geometrische Grafik, passend zu den Texten beziehungsweise den Themen der Trauer (rechte Seite). Die Themen sind jene, die Trauernde und Trauerbegleiter:innen gut kennen: von Vergänglichkeit über Verzweiflung zu Schuld, Schmerz bis hin zur Geduld, Hoffnung und Neubeginn. 42 Themen, 42 Doppelseiten.

Doch ist es möglich, die Komplexität des Trauererlebens in einfach strukturierte Schablonen zu pressen? Nein. Und dennoch ist dieses Buch wunderbar gelungen: Es lädt zum Verweilen und zum Assoziieren ein. In einer Zeit, in der trauernden Menschen oft Worte fehlen, regt dieses Buch an – inspiriert von biblischen und weltlichen Texten –, nach eigenen Worten zu suchen, sich ihnen anzu-

nähern. In einer Zeit, in der die Welt aus den Fugen gerät, bieten die geometrischen Bilder Struktur und Klarheit. Dann, wenn sich das Grau oder Schwarz in der Welt breitmacht, erlaubt dieses Buch den Blick auf einfache, nicht aufdringliche Farben. In einer Zeit, in der der Fokus verloren geht, gestattet das Buch Konzentration und ermöglicht Rahmenbildung für das Chaotische und Unstrukturierte. In der Trauer-Welt, die vielleicht wenig Schönes bietet, tut dieses Buch in seiner Schönheit gut und ist in seiner Einfachheit eine Wohltat. Über allem ist spürbar: Es ist ein Werk, das nichts vorgibt, keine Ratschläge erteilt. Es ist einfach da, lädt ein zum Verweilen, zum Fühlen, zum Aushalten und zum Suchen im Eigenen, im Inneren.

Sowohl Texte und Bilder allein als auch gemeinsam lassen sich wunderbar in der Trauerbegleitung oder beispielsweise in der Selbsterfahrung, der Meditation und der persönlichen Reflexion einsetzen. Vor allem jedoch ermöglicht dieses Buch Orientierung, Zuordnung, Wiedererkennung und ist ein Katalysator, ins Wort zu finden.

Leidfaden, Heft 3/2024, S. 92–93, ISSN (Printausgabe): 2192-1202, ISSN (online): 2196-8217, © 2024 Vandenhoeck & Ruprecht

EINSAMKEIT

TROST

wunde Einsamkeit – Sehnsucht nach Verbundensein

Herzensbildung ist die Basis für eine gute Trauerversorgung

Chris Paul und Jan S. Möllers

In den letzten Jahren sind ausgehend von England und Irland Pyramiden-Schaubilder in der internationalen Diskussion zum zentralen Symbol für eine verlässlich zugängliche, mehrstufige Trauerversorgung geworden. Heidi Müller und Kollegen haben seit 2021 als Erste auch innerhalb des deutschsprachigen Raums darauf hingewiesen. Wir stellen eine erste Anpassung des Modells an die deutsche Angebotsstruktur vor, bedingt durch unterschiedliche Entwicklungen von Trauerversorgung in verschiedenen Ländern, und benennen Aufgaben, die sich für den BVT e. V. daraus ergeben.

Dieser Text knüpft an eine Arbeitsgruppe auf dem BVT-Treffen am 18. bis 20. Februar 2024 in Bad Boll an und fasst Ergebnisse aus der Diskussion zusammen.

Ein Bezugsrahmen für die Praxis

Pyramidenmodelle der Trauerversorgung sind differenzierte und gleichzeitig leicht verständliche Bezugsrahmen für Handlungspläne, auf die sich gesellschaftliche Akteure wie Fach- und Wohlfahrtsverbände, aber auch Behörden und nationale Regierungen verpflichten können. Die Etablierung solch eines Bezugsrahmens in Deutschland bietet die Chance, politische und gesellschaftliche Akteure zusammenzubringen. Gemeinsam könnten sie – wenigstens zum Teil öffentlich finanziert – die Umsetzung einer breit angelegten Aufklärung über Tod und Trauer sowie einer adäquaten Unterstützung für Menschen mit Verlusterfahrungen initiieren.

Die vorliegenden Modelle stammen aus dem englischsprachigen Raum und müssten in einem ersten Schritt an deutsche Gegebenheiten angepasst werden. Abbildung 1 zeigt das Modell der Irish Hospice Foundation, das von NICE (The National Institute for Health and Care Excellence – UK), Samar M. Aoun und anderen entwickelt wurde und in dieser Form von der European Grief Conference verwendet wird. Abbildung 2 zeigt unsere erste Anpassung an Deutschland, die wir hiermit (anknüpfend an die oben erwähnte Arbeitsgruppe des BVT im Februar 2024) vorstellen. Wir verstehen unseren Beitrag als Ausgangspunkt weiterer Diskussionen, um die Situation von trauernden Menschen in Deutschland zu verbessern.

Von unten nach oben gedacht – es beginnt mit »Herzensbildung«

Pyramidenmodelle starten mit einem »breiten Sockel« – einer »Alphabetisierung« in Sachen Tod und Trauern. Alle Menschen werden in ihren jeweiligen Lebenswelten über Tod und Trauern informiert und handlungsfähig gemacht. Tabus und Stigmata rund um Verlusterfahrungen werden damit unterlaufen. Die Erfahrungen beispielsweise von pflegenden Angehörigen und Trauernden nach dem Tod naher Menschen beinhalten zurzeit noch zu oft Schweigen, Ausweichen oder »Rat-Schläge« ihrer Umwelt. Diese Reaktionen stellen zusätzliche Risikofaktoren dar. Die breit angelegte »Herzensbildung« der Bevölkerung zu Sterben, Tod und Trauer könnte dies verhindern. Es wären weniger Ängste und Abwehrmechanismen zu überwinden, wenn Einzelne mit Tod und Trauer konfrontiert sind. Sie wären schneller handlungsfähig und hätten mehr Ressourcen in ihrer üblichen Lebenswelt.

Bestehende Praxisbeispiele in Deutschland sind das Bundesprojekt »Hospiz macht Schule« sowie zahlreiche Podcasts wie zum Beispiel »endlich.«, »Ich bin hier & du bist tot«, das Kurzfilmprojekt »Sarggeschichten« und Bücher wie »Keine Angst vor fremden Tränen!« (Chris Paul 2011) oder »So sterben wir« (Roland Schulz 2018).

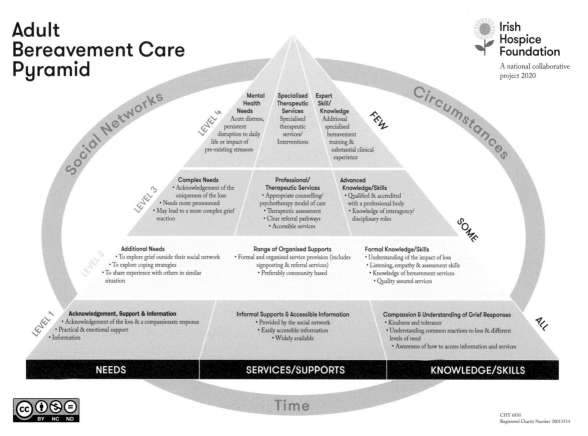

Pyramidenmodell der Trauerversorgung für den englischsprachigen Raum

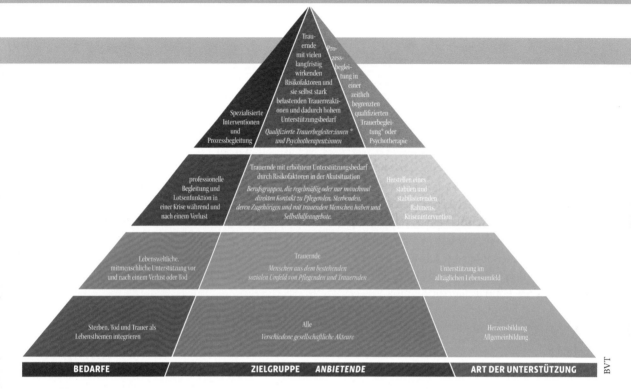

*Anmerkung: wir benutzen den Begriff „Qualifizierte Trauerbegleitung" für alle, die eine sog. „Große Basisqualifizierung zur Trauerbegleitung zertifiziert durch den BVT e.V." absolviert haben.

Pyramidenmodell der Trauerversorgung für Deutschland

Unterstützung im alltäglichen Lebensumfeld

Auf der nächsten Stufe stehen Unterstützungsangebote aus dem nahen Umfeld wie Nachbarschaft, Freundeskreis, Familie, Wohngemeinschaft, Arbeitsplatz, Schule oder Kita, Sportverein oder Chor. Da nicht alle Menschen zu jedem Zeitpunkt Unterstützung in ihren Trauerprozessen brauchen, wird die Pyramide hier schmaler – Zielgruppe ist hier nicht mehr die Gesamtgesellschaft, sondern Menschen, die gerade in Trauerprozessen sind. Diese Unterstützung baut auf bestehenden Beziehungen auf und ist daher leicht erreichbar. Diejenigen, die sie anbieten möchten, benötigen allgemeine Informationen und möglicherweise kurze Schulungen, insbesondere in einfachen Gesprächstechniken und Selbstfürsorge. Aufbauend darauf sind grundlegende Kenntnisse über mögliche Schwierigkeiten im Trauerprozess sowie Informationen über weitere Hilfsangebote wichtig, um langfristig hilfreich zu sein. Beispiele hierfür sind Nachbarschaftsbesuche durch geschulte Ehrenamtliche und niedrigschwellige Angebote wie Trauer- und Lebenscafés, oft organisiert von Stadtteilzentren oder Gemeinden. Die Leitung solcher Angebote besteht aus einer Kombination von geschulten Ehrenamtlichen und eine*r Koordinator*in, die*der über Qualifikationen der nächsten Stufe verfügt. Beispiele aus der deutschen Praxis sind die standardisierten Lehrgänge »Letzte Hilfe« der Letzte Hilfe Deutschland gGmbH und Bücher wie »Wir leben mit deiner Trauer« von Chris Paul (2017).

Professionelle Unterstützung und Lotsenfunktion durch viele Berufsgruppen

Auf der dritten Pyramidenstufe, deren Angebote nicht von allen Trauernden benötigt werden, finden sich Unterstützungsangebote durch verschiedene Berufsgruppen: zum einen Berufe, die unmittelbar mit Tod und Sterben arbeiten, wie Bestattende, Palliativpersonal, Gesundheits- und Altenpflegende, zum anderen Berufe, die im Rahmen ihrer sonstigen Berufstätigkeit mit Trauernden und deren Umfeld in Berührung kommen. Dazu gehören zum Beispiel Pfarrer*innen, Hebammen, Hausärzt*innen und Mitarbeitende von Beratungsstellen. Gemeinsam haben all diese Angebote, das sie einen stabilen und stabilisierenden Rahmen für Trauerprozesse in der jeweiligen Situation ermöglichen, aber keine langfristige Beratung, zielgerichtete Prozessbegleitung oder Trauerbegleitung/Therapie. Sie erkennen Risikofaktoren und Symptome, die auf den Bedarf an längerfristiger und spezialisierter Unterstützung hinweisen, und verfügen über ein Netzwerk, in dem diese Unterstützung zusätzlich angeboten werden kann.

Mitarbeitende aus beiden Gruppen benötigen dazu spezialisierte Lehrinhalte in ihren Grundausbildungen beziehungsweise Studiengängen und vertiefende Fortbildungsangebote.

Ebenfalls auf dieser Stufe agieren die Selbsthilfegruppen für Trauernde wie zum Beispiel nach Suizid oder für verwaiste Eltern. Neben der Betroffenenkompetenz, die die Leitenden dieser Gruppen mitbringen, braucht es ein fundiertes Wissen über Trauerprozesse und Techniken der traumasensiblen Begleitung.

Bestehende Praxisbeispiele in Deutschland sind Unterrichtseinheiten zu Trauer und Sterben, die in den meisten Pflegeausbildungen implementiert sind. Palliative-Care-Kurse mit Unterrichtstagen zu Trauerprozessen, die Aus- und Fortbildung zur prozessorientierten Bestattung von Kultur:Trauer e.V., Fortbildungen für Hebammen, wenn sie Sternenkinder entbinden, sowie eine zunehmende Zahl von Fachbüchern wie »Trauern: Trauernde Menschen in Palliative Care und Pflege begleiten« von Erika Schärer-Santschi (2019).

Versorgung bei einem langfristig erhöhten Unterstützungsbedarf durch spezialisierte Berufsgruppen

An der Spitze der Pyramide stehen Angebote für diejenigen Trauernden, die *zusätzlich* zu den bisher beschriebenen Unterstützungsangeboten spezielle Trauerbegleitung/Beratung oder Psychotherapie von dafür ausgebildeten Berufsgruppen brauchen. »Spitze« heißt nicht, dass hier die Besten der Unterstützenden tätig sind. Es bezieht sich auf die immer geringer werdende Anzahl von Menschen, die genau diese Unterstützungsformen benötigen. Auch Trauernde mit sehr hohem Hilfebedarf brauchen die Unterstützung aus dem alltäglichen Lebensumfeld! Bei erschwerten Trauerprozessen sind Gruppen- oder Einzelberatungsangebote von qualifizierten Trauerbegleiter*innen oder -berater*innen eine Möglichkeit, ebenso wie eine Therapie durch Psychotherapeut*innen, die eine trauerbegleiterische Zusatzqualifikation haben. Letztere sind ebenfalls gefragt, wenn Trauerprozesse auf psychische Erkrankungen treffen oder diese auslösen. Ein Beispiel in Deutschland ist die vom BVT e.V. zertifizierte Weiterbildung zur »Großen Basisqualifizierung Trauerbegleitung«.

Nächste Schritte

Alle gesellschaftlichen Gruppen sind gefordert, Konzepte und Finanzierungsmöglichkeiten für Aufklärungskampagnen (Herzensbildung, Stufe 1) und Trainings für Unterstützende aus der Alltagswelt (Stufe 2) zu entwickeln. Der BVT beziehungsweise einzelne Mitglieder können hier ihr Wissen und ihre Erfahrung einbringen.

Der BVT e.V. sieht seine Aufgaben darüber hinaus in der Überprüfung, Aktualisierung und Neuentwicklung von Trainings, Fort- und Weiterbildungen der Stufen 3 und 4. All dies auf der Grundlage aktuellen Trauerwissens aus Lehre, Forschung und Praxis.

Fazit

Eine trauerinformierte Gesamtgesellschaft bietet effektive niedrigschwellige Unterstützung auf mitmenschlicher Ebene und erfüllt gleichzeitig eine Lotsenfunktion zu weiteren, spezialisierten Angeboten. Langfristig kann von einem hohen Nutzen der mehrstufigen Unterstützungspyramide ausgegangen werden. Komplikationen auf Trauerwegen werden dank informierter und geschulter Menschen seltener entstehen, da Unterstützung durch andere Menschen eine wichtige Ressource im Trauerprozess ist. »Lotsenberufe« sind besser in der Lage, erschwerte Trauerprozesse zu identifizieren und die Betroffenen an spezialisierte Angebote zu vermitteln. Die stärkere Vernetzung der verschiedenen Unterstützungsstufen führt zu besserer Sichtbarkeit und Nutzbarkeit von Trauerunterstützung. Alle Beteiligten erleben Entlastung durch klarere Rollen. Trauern und die Unterstützung von Trauernden, von Sterbenden und von pflegenden Angehörigen werden zu allgemein zugänglichen und akzeptierten Kulturtechniken. Ein Pyramidenmodell der Trauerunterstützung, das an deutsche Verhältnisse angepasst ist, kann die Unterstützung von Menschen, die mit Sterben und Trauer konfrontiert werden, langfristig verbessern.

Chris Paul ist Soziale Verhaltenswissenschaftlerin und Heilpraktikerin für Psychotherapie mit dem Schwerpunkt Trauerberatung. Als Trainerin und Fachbuchautorin setzt sie sich seit über 20 Jahren für die angemessene Begleitung von trauernden Menschen ein. Sie ist eine der renommiertesten Trauerbegleiterinnen Deutschlands. Sie ist Leiterin des TrauerInstituts Deutschland und der Online-Akademie FacettenReich.

Kontakt: info@chrispaul.de
Websites: https://chrispaul.de, https://trauerkaleidoskop.de/

Jan S. Möllers ist Kulturanthropologe und Bestatter. Er ist Mitgründer des Bestatter*innenprojekts memento in Berlin: prozessorientierte Begleitung von Trauernden zwischen Sterbestunde und Grablegung ihrer Verstorbenen. Er arbeitet außerdem in der Ausbildung von Trauerredner*innen, Bestatter*innen, Trauerbegleiter*innen und verwandten Berufsgruppen mit den Schwerpunkten Rituale im Trauerprozess und gewaltsame Todesumstände.

Kontakt: jan_moellers@memento-entwicklungen.de
Websites: www.memento-entwicklungen.de,
      www.memento-bestattungen.de

Literatur

Müller, H.; Münch, U.; Bongard, S.; et al. (2021). Trauerversorgung in Deutschland. Entwurf eines gestuften Versorgungsmodells. In: Zeitschrift für Evidenz, Fortbildung und Qualität im Gesundheitswesen, 162, S. 40–44.

Paul, C. (2011). Trauerprozesse benennen. In: Paul, C. (Hrsg.), Neue Wege in der Trauer- und Sterbebegleitung. Hintergründe und Erfahrungsberichte für die Praxis. Vollständig überarbeitete und ergänzte Neuauflage. Gütersloh.

Paul, C. (2017). Wir leben mit deiner Trauer. Für Angehörige und Freunde. Gütersloh.

Schärer-Santschi, E. (2019). Trauern. Trauernde Menschen in Palliative Care und Pflege begleiten. 2., vollständig überarbeitete und erweiterte Auflage. Bern.

Schulz, R. (2018). So sterben wir. Unser Ende und was wir darüber wissen sollten. München.

Irrweg aus der Einsamkeit

© Thorsten Adelt

Vorschau Heft 4 | 2024

Thema: Sterbewunsch und assistierter Suizid

Vom Sterbewunsch bis zum Suizidwunsch

Hilfreiche Kommunikation im Umgang mit Todeswünschen

Ist assistierter Suizid auch in anderen Kulturkreisen ein Thema?

Trauer nach assistiertem Suizid

Hauptgründe für Suizidgedanken

Suizidprävention

Kann Suizid eine Form des Sterbens in Selbstliebe sein?

Assistierter Suizid in der Altenhilfe – Erfahrungen, Herausforderungen und Handlungsansätze

u. a. m.

Vandenhoeck & Ruprecht · 13. Jahrgang · 4 | 2024 | ISSN 2192-1202

Leidfaden
FACHMAGAZIN FÜR KRISEN, LEID, TRAUER

Der selbstgeplante Tod
Vom Sterbewunsch zum assistierten Suizid

Impressum

Herausgeber/-innen:
Rainer Simader, Dachverband Hospiz Österreich
Ungargasse 3/1/18, A-1030 Wien
E-Mail: simaderr@gmail.com

Prof. Dr. med. Lukas Radbruch, Zentrum für Palliativmedizin,
Von-Hompesch-Str. 1, D-53123 Bonn
E-Mail: Lukas.Radbruch@ukbonn.de

Dr. phil. Sylvia Brathuhn, Frauenselbsthilfe Krebs e. V.,
Landesverband Rheinland-Pfalz/Saarland e. V.
Schweidnitzer Str. 17, D-56566 Neuwied
E-Mail: Brathuhn@t-online.de

Dipl.-Sozialpäd. Heiner Melching (Berlin),
Monika Müller, M.A. (Rheinbach),
Dipl.-Päd. Petra Rechenberg M.A. (Hamburg),
Dipl.-Pflegefachfrau Erika Schärer-Santschi (Thun, Schweiz),
Dipl.-Psych. Margit Schröer (Düsseldorf),
Prof. Dr. Reiner Sörries (Erlangen),
Peggy Steinhauser (Hamburg)

Kontaktanfragen und Rezensionsvorschläge richten Sie bitte an
Rainer Simader: simaderr@gmail.com

Wissenschaftlicher Beirat:
Dr. Sandra L. Bertman (USA), Prof. Robert A. Neimeyer (USA),
Dr. Henk Schut (Niederlande), Dr. Margaret Stroebe (Niederlande)

Redaktion:
Ulrike Rastin M. A. (V. i. S. d. P.),
BRILL Deutschland GmbH
Vandenhoeck & Ruprecht
Robert-Bosch-Breite 10, D-37079 Göttingen
Tel.: 0551-5084-423
E-Mail: ulrike.rastin@v-r.de

Bezugsbedingungen:
Die Zeitschrift erscheint viermal jährlich. Es gilt die gesetzliche Kündigungsfrist
für Zeitschriften-Abonnements. Die Kündigung ist schriftlich zu richten an:
Brockhaus Kommissionsgeschäft GmbH, Leserservice, Kreidlerstraße 9, D-70806 Kornwestheim,
E-Mail: zeitschriften@brocom.de.
Unsere allgemeinen Geschäftsbedingungen, Preise sowie weitere Informationen
finden Sie unter www.vandenhoeck-ruprecht-verlage.com.

Verlag:
BRILL Deutschland GmbH, Robert-Bosch-Breite 10,
D-37079 Göttingen; Tel.: 0551-5084-300, Fax: 0551-5084-454
www.vandenhoeck-ruprecht-verlage.com

ISSN (Printausgabe): 2192-1202, ISSN (online): 2196-8217
ISBN 978-3-525-80628-9
ISBN 978-3-647-80628-0 (E-Book)

Umschlagabbildung: Man on stranded broken heart island / Darren Hopes / Ikon Images / akg-images

Verantwortlich für die Anzeigen: Ulrike Vockenberg, Brill Deutschland GmbH,
Robert-Bosch-Breite 10, D-37079 Göttingen, Kontakt: anzeigen@v-r.de

Gestaltung, Satz und Lithografie: SchwabScantechnik, Göttingen
Druck und Bindung: Beltz Grafische Betriebe GmbH, Bad Langensalza

Printed in Germany